4차산업과
중국/중국인

4차산업과 중국/중국인

한성환 지음

중국의 전기차 굴기가 세상을 바꾸고 있다.
전기차 보유 천만대를 넘긴 중국,
과연 그들은 세계 전기차시장을 제패할수 있을것인가!

좋은땅

머리말

인류사회에 컴퓨터가 보급되어 3차산업이 시작된 지 50여 년, 그동안 세계는 엄청난 발전을 거듭해 왔다. 인터넷 보급과 스마트폰의 보급으로 우리 사회는 급진적인 정보통신혁명을 가져왔다. 이에 그치지 않고 이제는 3차산업의 기반 위에 인공지능, 빅데이터, 사물 인터넷, 메타버스, 자율주행차량 등과 같은, 지금과는 생소한 4차산업의 길로 들어서고 있다.

현대는 4차산업의 전쟁시대라고 해도 과언이 아니다. 우리는 미국의 4차산업에 관해서는 많은 관심을 기울이고 있다. 구글이나 애플, 아마존이나 페이스북 등 미국의 플랫폼 기업에 대해서는 그들의 일거수일투족까지도 꼼꼼하게 챙기며 들여다보고 있다.

그러나 우리의 최대의 경쟁 상대인 중국에 대해선 너무 무지하며 소극적이다. 중국에 어떤 플랫폼 기업들이 탄생했으며 그들은 어떤 발전을 거듭하고 있는지에 관해서는 아예 등한시하고 있다.

그러나 우리들이 무관심하고 등한시했던 사이에 그들은 너무나 발전하였으며 이젠 그들은 미국을 제치고 세계 넘버원의 자리를 넘보고 있다.

본인이 처음 중국을 방문했을 1993년 말쯤만 해도 그들의 공장 입구에는 "선진 한국을 배우자."는 플래카드가 흔하게 걸려 있었다. 그러나 30년이 지나간 지금 그들과 우리는 모든 게 역전되어 가고 있다. 우리는 그들을 따라잡기 위해 엄청난 노력을 해야만 할 것이다. 4차산업에 관한한 그들은 혁명을 일으키고 있다고 해도 과언이 아니다.

지난 2012년 중국의 인터넷 메신저(SNS)인 텐센트의 위챗은 카카오토크의 시스템을 벤치마킹하며 성장해 왔다. 카카오토크 시스템을 배우고 베끼기 위해 780억 원을 카카오에 투자함으로써 제2의 주주가 되었었다. 이렇게 한국의 SNS를 벤치마킹하던 그들이 오늘날 어떻게 되었는가? 지금은 카카오토크뿐만 아니라 미국의 페이스북도 위챗으로부터 많은 것을 배우고 벤치마킹하고 있는 실정이다. 9억 명에 가까운 중국인이 의사소통하며 만들어 낸 SNS가 위챗(we chat, 微信)이다.

이젠 중국은 모방, copy의 나라가 아니라 모방 대상의 나라로 변했다.

1992년 한중 수교 후 한국은 중국보다 앞선 기술력과 우월한 제품의 수출로 중국으로부터 안이하게 무역 흑자를 거듭해 왔다. 중국이 완제품 생산에 필요한 중간재의 수입이 거의 대부분이었다. 그러나 지금의 중국은 변하였다. 한국에서 수입해 갔던 중간재를 그들은 직접 개발하여 이젠 한국의 중간재가 필요 없게 되었다. 이것이 과거 대중 무역에서 30년간이나 지속되었던 흑자가 최근 적자로 돌아서게 된 가장 큰 이유다.

삼성전자의 중국 내 스마트폰 판매량과 현대기아 차의 자동차 판매 대수를 보면 더욱 심각하다.

세계 스마트폰 업계 1, 2위인 삼성 스마트폰이 중국 시장에선 기를 펴지 못한다. 한때 중국 스마트폰 시장 점유율이 20% 내외를 점하던 삼성전자가 최근엔 1%도 되지 못한다. 애플과 중국의 제조 업체들(화웨이, 샤오미, 오포, 비보 등)에게 시장을 빼앗겼기 때문이다.

현대자동차 또한 중국에서 고전을 면치 못하고 있다. 2016년 이후 판매량이 계속 내리막길을 걷고 있다. 2016년까지만 해도 현대차는 빅3에 들어갔으나 지금은 10위권 밖이다. 현재 현대차의 중국 시장 점유율은 1.3%로 추락하였다.

따지고 보면 스마트폰과 자동차뿐일까.

세계를 리드하고 있는 중국의 드론 산업, 핀테크 산업, 빅데이터에 의한 AI 산업, 차량의 호출 및 공유 산업, 자율주행자동차 개발 등등 모든 4차산업에 대한 중국의 발전은 한국을 후진국으로 만들고 있다.

솔직히 말해 본인은 중국에 관한 전문가도 아니며 체계적으로 공부한 바도 없다. 그래서 중국을 잘 알지 못한다. 그러기에 전문가가 가지고 있는 깊이 있는 통찰력과 해당 산업들에 관한 분석 및 대책 등을 제시하지 못함을 죄송스럽게 생각한다. 단지 4차산업의 현장에서 나날이 발전하며 커져만 가는 중국 앞에 초라하게 찌들어만 가는 한국의 현실을 볼 때마다 느끼는 안타까움에서 감히 이 글을 쓰고 있을 뿐이다. 27~28년 전의 그들의 실상을 잘 알고 있기에 더욱 그러하다.

중국은 우리에겐 최상의 무역 상대국인 동시에 최대의 경쟁국이다. 세계의 경제가 중국을 무시하고선 도저히 홀로 설 수 없는 지경에 이르렀다. 우리는 물론 우리의 후손들도 중국을 알고 중국이 어떤 나라인지, 중국인은 어떤 사고방식을 가진 사람들인지를 알아야 그들을 이길 수 있을 것이다. 그러기에 중국을 배우고 공부해야 한다.

바라건대 우리 모두가 중국이 나아가는 길을 예의주시하며 그들과 협동할 것은 협동하여 서로가 윈윈할 수 있는 방법을 찾아 나서고 우리만이 가진 우수성은 그들이 넘보지 못하게 더 멀리 더 빨리 발전시켜 나가야겠다.

2023. 1.

한성환

중국의 4차산업 현황

1.

중국의 전기차 및 배터리 굴기

2022. 9.

중국의 전기자동차 생산 및 보유 현황

세계의 자동차 시장 판도가 바뀌었다. 내연기관차에 관한한 지금까지는 자동차의 종주국이라 하면 미국이었으나 전기차에 있어서는 중국이 생산 면뿐 아니라 보유 대수에서도 미국을 멀찌감치 따돌리고 자동차 종주국의 위치를 점하고 있다.

우선 전기차의 보유 면에서 비교해 보면 미국은 250만 대 정도를 보유한 반면 중국은 작년에 천만 대 전기차의 보유국이 되었다.

더구나 근년 연간 생산량이나 보급 대수를 비교해 봐도 미국은 중국을 도저히 따라잡을 수가 없다. 작년 미국 국내의 전기차 보급 대수는 75만 대인 데 반해 중국은 333만 대의 실적을 올렸다.

중국은 내연기관차에 있어서는 거의가 외국 유명 자동차 메이커들과 합작한 상태에서 외국 합작사들의 기술력으로 생산하여 왔다. 벤츠, BMW, VOLVO, AUDI 등이 모두 중국 현지 자동차 생산 업체와 50% 이내의 합작 형태로 진출, 생산하여 왔다. 중국 정부가 낙후된 자동차 기술을 선진 메이커들로부터 전수받기 위해 취한 조치였다. 중국 정부는 중국의 내연기관차 업체들이 이제는 경쟁력을 충분히 쌓았을 것이라는 판단에서 최근 외국 업체에 100%의 투자가 가능하게 개방하였다.

이를 계기로 발 빠른 테슬라는 중국 내 독자 전기차 공장을 상해에 설립하여 운영 중이다.

그러나 무엇보다 중국 정부가 자신감을 갖게 된 것은 전기자동차 시대의 도래이다. 어차피 내연기관차는 외국의 쟁쟁한 메이커들과 경쟁할 수가 없으며 언제까지나 그들의 follower밖에 되지 못한다는 판단에서다. 그래서 아직은 미개척지이며 제조업체들의 서열이 정해지지 않은 전기차 세계로 발 빠르게 전환하여 follower가 아닌 이 전기차 분야에서 선두그룹으로 업계를 lead해 나가겠다는 생각이다. 이는 현대자동차가 수소차 개발에 전력투구하여 선두의 leader가 되겠다는 꿈을 가진 것과 같은 맥락이다.

그런데 오늘날 중국의 전기자동차 업계를 살펴보면 그들의 계획대로 잘 맞아떨어지는 것 같다.

우후죽순처럼 생겨나는 중국 내 새로운 전기차 생산 업체들, 매일같이 진보하는 배터리 생산 기술들, 어마하게 늘어가는 전기차 생산량, 가히 중국이야말로 전기자동차의 메카, 세계 1위의 전기차 생산국이자 소비국이다. 지난해 중국에서의 전기차 소비는 약 333만 대로 전년 대비 166%나 급증했다. 이는 전 세계의 전기차 판매 대수 660만 대의 절반 이상이다. 이에 반해 유럽 연합은 230만 대, 미국은 75만 대에 지나지 않는다. 이제 중국은 전기차 천만 대 이상을 보유한 국가가 되었다. 이는 중국에서 전기차 비중이 작년에 총판매 차량의 14.8%를 넘었으며 금년 6월 현재 25%를 넘었다.

근래 중국에선 300개소가 넘는 전기차 제조 업체가 우후죽순처럼 생겼다가 거의가 정리되고 지금은 100여 곳만이 생산 활동을 하고 있다. 이렇게 많은 기업이 전기차 생산에 달려드는 이유는 전기차 생산이 너무 단순하기 때문이다. 예로 현대에서 개발한 배터리 전용 플랫폼인 E-GMP가 현대기아의 여러 모델의 전기차에 적용되고 있다. 쉽게 말해 전기차란 이 배터리 플랫폼 위에 다양한 모델의 차체만 얹히면 되는 것이다.

현대에서 개발한 배터리 플랫폼(E-GMP).
배터리가 안정적으로 밑으로 깔려 있다

부품도 내연기관차에 비해 3분의 1 정도다. 문제는 배터리다. 배터리 생산에는 너무나 거대한 시설자금이 필요하고 기술이 필요하다. 그래서 배터리만큼은 외주로 사들여 장착한다. 테슬라도, 폭스바겐도, 벤츠도 마찬가지다. 아직까지는 유일하게 중국의 BYD가 자체 배터리 생산에서 자체 전기차까지 생산하고 있다.

업체별 전기자동차 중국 내 생산/판매 현황

참고로 2021년 전기동력차(프러그인하이브리드차 포함)의
업체별 판매 대수를 살펴보면:

	업체명	주요 생산 모델	생산 수량	특기사항
1	테슬라	M3와 모델 Y (스탠다드와 롱레인지가 있음)	2021년 104만 대 판매	M3는 중국의 LFP 배터리 적용
	테슬라의 M3모델		Y 모델	
2	폭스바겐 (VW)	SUV ID.4	71만 대	

3	BYD(比亚迪, 비야디)	F3DM E6(400km), Dragon face, 진(秦), 한(汉), 실(seal), 소형차 海豚(하이툰, dolphin)	60만 4783대	내연기관차 생산은 중단했으며 현재는 전기자동차만 생산, 전기차 배터리도 생산하고 있다.
	 내년부터 한국 시장에 진출 예정인 모델 seal		 소형모델 DOLPHIN(海豚)	
4	GM 상하이 우링	홍광(宏光)MINI	59만 대	소형차, 대당 550만 원부터 한 번 충전에 170km
5	현대기아	GV70, IONIQ 5, 6, EV6, KONA 등	34만 8천 대	
	 아이오닉 5		 아이오닉 6	

한국으로 몰려오는 중국의 전기차들

전기자동차를 처음 생산한 회사는 테슬라가 아니다. 2009년 일본의 미쓰비시 자동차가 출시한 '아이미브(i-MIEV)'가 시초였다. 그러다가 2010년 닛산자동차가 '리프(LEAF)'라는 전기차를 생산하기 시작했다. 그 후 2012년 테슬라의 일론 머스크가 모델S를 처음 출시한 지 10년, 그 10년 동안 전기차의 성장 규모가 100배로 증가, 올해에는 1,000만 대의 전기차가 전 세계에서 생산될 전망이다. 수많은 전기차 메이커들은 시장선점을 꾀하고 자차의 판매 증진을 위해 총성 없는 경쟁 속에서 싸우고 있다. 소비자의 시선을 끌기 위해 그들은 이미 500종이 넘는 차량 모델을 개발해 생산 중이거나 생산 계획 중이다.

이런 상황하에서 그들이 한국 시장을 그냥 지나칠 리가 없다. 전기차의 세계 최대 생산국인 중국의 메이커들은 한국 시장을 진작부터 노려왔다. 우선 승용차보다는 수출이 비교적 손쉬운 버스부터 한국 시장에 진입하였다. 작년 2021년 594대의 중국제의 전기차 버스가 수입되어 국내 총전기차 버스의 39%를 점하더니 올해 상반기엔 50%를 초과하는 버스가 수입되었다. 이렇게 중국의 전기차 버스가 숨가쁘게 증가하는 이유는 한마디로 가격 때문이라고 본다.

국내 제조 업체가 아무리 좋은 차를 생산해도 가격에서 도저히 중국차를 이길 수가 없다. 더구나 한국은 글로벌 협약 및 규정을 준수하고 전기차 보급 촉진을 위해 내, 외국차 구분 없이 모든 전기차 구입 시 보조금을 지급하고 있다(2022년 8월 말 현재). 전기차 버스 수입 시에도 똑같이 보조금이 대형 7천만 원, 중형은 5천만 원이 지급되고 있다. 이 보조금을 감안하면 중국 버스의 판매가는 1억 원대 초반, 한국제 버스는 2억 원대가 되므로 도저히 가격경쟁에서 이길 수가 없다.

전기 승용차 역시 작년에 이미 중국으로부터 2,594대가 수입되었으며 금년 상반기에만 4,135대가 수입되었다. 역시 보조금이 지불되고 있다. 이래저래 한국은 중국과의 전기차 무역수지에서 적자가 크게 나고 있다. 금년 1월부터 8월까지 중국으로부터 수입한 전기차는 5,282만 불이나 되는 데 반해 중국으로의 수출은 153만 불에 불과하다. 이 수입 금액은 작년보다 368%가 증가한 액수다.

중국의 전기 승용차 업체들 역시 몇 년 전부터 한국에 진출하기 위해 많은 공을 들여왔다.

중국의 BYD와 지리자동차는 이미 한국 당국에 판매 차량의 모델 등록까지 마친 상태다. 아마 내년 초부터는 이들의 모델들이 시내에서 활개를 치고 다닐 것으로 예상된다.

이들 몇 개 회사의 전기차 수입이라면 별문제가 없겠으나 중국엔 수많은 전기차 메이커들이 현재 전기차를 생산하고 있으며 한국으로의 수출을 노리고 있다. 이 많은 중국 업체들의 한국 수입을 위해 수입/판매 대리점이 되겠다는 한국의 대기업들이 줄을 서고 있다고 한다. 돈 앞에서는 애국심을 강조할 수가 없는 세상이다. 몇 년 후엔 이들의 눈부신 활약(?)으로 한국의 온 도로가 오성홍기로 덮이지나 않을지 걱정되는 바이다.

우리 정부는 왜 미국이나 중국같이 '한국에서 생산된 차량이 아니면 보조금을 지급할 수 없다'거나 '우리 배터리를 쓰지 않은 차엔 보조금을 줄 수 없다'고 강경하게 밀어붙이지 못하는지 알 수가 없다.

약진하는 중국 전기차 시장에 편승한 테슬라

금년 상반기의 실적을 보면 중국 전기차 업체의 약진이 눈부시다.

상반기 중국 내 판매 대수 1위는 BYD로 상반기에만 64만 7천 대를 팔아 작년 1년 실적을 넘어섰다. 3위를 한 GM 상하이 우링 역시 상반기에만 57만 6천 대를 팔아 작년 1년 실적에 근접하고 있다. 2위는 테슬라로 57만 5천 대, 4위는 폭스바겐으로 31만 6천 대, 현대기아가 5위로 24만8천 대를 팔아 금년엔 50만 대를 넘길 것 같다. 상반기 중 벌써 중국 내 전기차 판매 대수가 224만 대를 넘어섰다. 금년엔 500만 대 이상이 중국에서 팔릴 예정이다.

테슬라는 어느 업체보다도 재빨리 중국으로 진출했다. 물론 이제 막 형성되어 가는 거대한 시장을 선점하기 위해서겠지만 또 다른 선견지명이 있었기 때문이다. 언젠가는 리튬이온 배터리의 자원(리튬, 코발트, 니켈, 망간 등)이 고갈될 거라는 우려도 있었다고 본다. 중국의 CATL에서 생산하는 배터리는 LFP배터리로서 고가의 코발트나 니켈이 들어가지 않는 단순한 리튬인산철의 배터리이기 때문이다.

고가의 코발트는 지구상에 한정되어 있는 광물이다. 니켈 역시 수요 증가로 값이 엄청나게 뛰었다. 전기차가 지금과 같이 증가한다면 언젠가는 고갈될 수밖에 없다는 게 테슬라의 견해다. 그리고 또 한 가지 그들은 중국 정부가 전기차 구입 시 지불하는 보조금을 노리고 중국 시장에 빠르게 진입했다고 본다. 중국은 자국의 배터리를 장착해야만 보조금을 받을 수 있기 때문이다.

Y6모델의 롱레인지에선 지금까지 파나소닉과 LG의 리튬이온 베터리를 써 왔으나 여기에도 CATL의 인산철 배터리를 쓰고자 한다. 뿐만 아니라 벤츠나 폭스바겐, 포드 등도 이 베터리를 쓰겠다고 나섰다. 그래서 지금 중국의 LFP(인산철) 베터리 업체, 즉 CATL이나 BYD 같은 곳은 최고, 최대의 호황기를 맞고 있다.

위기에 선 한국의 2차 배터리(전기 배터리) 산업

작년 언젠가부터 세계 1위의 전기차 배터리 업체였던 한국의 LG는 CATL에게 1위의 자리를 내어주고 말았다. 전기 배터리뿐만 아니라 완성차 업체인 현대기아 차도 마찬가지다.

2016년 한때 현대기아 차가 중국의 자동차 판매량이 180만 대를 넘어 점유율 7.4%를 차지한 적이 있으나 지금은 1.3%로 내려앉은 초라한 실적이다. 이러다가 삼성전자의 스마트폰처럼 0%대로 떨어지지 않을까 심히 우려된다.

전기차는 배터리로 움직이는 아주 간단한 구조의 자동차다. 전기차에서 무엇보다 중요한 부문은 배터리이다. 그래서 배터리의 원가 비중이 차값의 40% 내외를 차지한다.

전기차 배터리는 4가지의 부문으로 이루어진다. (양극재, 음극재, 전해질 그리고 분리막)

양극재는 3원계라고 하는 NCM 즉, 니켈, 코발트, 망간으로 구성된 양극재가 일반적이다. 우리나라의 3대 배터리 메이커 즉, 엘지에너지솔루션, 삼성SDI와 SK ON은 모두 이 3원계 배터리를 생산하고 있다. 이에 반해 중국 배터리 제조 업체들은 니켈과 코발트가 들어가지 않는 LFP(양극재로 철을 사용) 배터리를 주로 생산하고 있다.

여기에 리튬이 양극재에 가해진다. 3원계 배터리의 양극재 중 코발트는 채굴되는 지역이 한정되어 있으며(주로 콩고에서 중국 기업이 채굴) 값 또한 천정부지로 올라가고 있으며 이에 연

동되어 전기차 가격도 덩달아 올라가고 있다. 문제는 세계의 광산을 사들여 채굴하여 가공하는 중국이 매점매석하여 무기화하고 있다는 점이다. 거기다 우크라이나와 러시아가 전쟁 중인 상황에서 니켈의 대량 공급처인 러시아의 공급이 원활치 못한 것도 원인이라 하겠다.

지금까지 세계 톱이었던 한국의 배터리 업체들, 원재료의 90%를 중국으로부터 수입해 오고 있다. 그러니 중국의 원재료 공급에 사활이 걸린 셈이다. 중국의 배터리 메이커들 즉, CATL, BYD, CALB, SUNWODA 등이 생산하는 리튬인산철 배터리(LFP battery)는 니켈과 코발트가 들어가지 않으므로 원자재 수급 면에서 훨씬 안정적이며 값 또한 저렴하다. 그러나 리튬인산철 배터리는 에너지 밀도가 낮아 많은 전기량을 충전할 수 없어 장거리를 달리지 못하는 것이 큰 단점이다. 그렇다고 차량의 무게 때문에 무턱대고 배터리를 많이 탑재할 수도 없다. 하지만 발화 위험이 낮아 과충전에도 폭발하지 않고 외부충격에도 잘 폭발하지 않는 안전성이 우수하다는 장점도 있다.

기존의 배터리 소재들이 이러한 문제점들을 안고 있기 때문에 많은 세계의 배터리 업체들은 새로운 재료 개발과 전기 배터리의 기본 프로세스를 바꾸기 위해 엄청난 노력을 하고 있다.

그렇다면 3원계(NCM) 배터리와 리튬인산철 배터리 중 어느 쪽이 더 유리할까. 장기적인 안목으로 보면 후자가 훨씬 유리하지 않을까? 왜냐하면 충전소가 계속 늘어나 어디서나 충전할 수 있게 된다면 한 번 충전에 500~600km를 달려야 하는 long range 차량이 구태여 필요 없기 때문이다. 그 외에도 가격 면에서도 NCM배터리보다 20%~30% 저렴하다. 테슬라, 벤츠 같은 leading 기업들이 서둘러 LFP 배터리를 적용하는 이유가 아닐까.

그러나 아직까지는 고급 전기차의 Long Range(한 번 충전으로 장거리 운항 가능)를 요하는 차량에는 역시 NCM 배터리를 선호한다.

전기차의 핵심인 배터리 개발에 전력투구

아직까지도 해결하지 못한 전기 배터리의 가장 중요한 3가지 문제점으로 '폭발하는 문제'와 '한 번 충전으로 얼마나 장거리를 달리느냐', 그리고 '충전 시간이 얼마나 걸리느냐'는 문제이다.

이런 문제를 해결하기 위해 오늘날 세계의 배터리 메이커 또는 연구 기관들이 시간에 쫓기는 연구를 하고 있다. 왜냐하면 먼저 해결한 자의 승자 독식이 될 테니까….

우선 배터리의 폭발 문제를 해결하기 위해 전고체 배터리의 개발에 모두가 혈안이 되어 있다. 배터리 속의 전해질을 고체 상태로 만듦으로써 전해질이 요동치는 것을 방지하여 폭발을 예방할 수 있고 아울러 밀도가 높아져서 보다 많은 전력을 보관할 수가 있다. 2025년쯤 상용화될 것으로 예상된다. 나아가 배터리가 아예 없는 전기차도 개발 중이라고 한다. 차체 전체를 고강도의 에너지 저장능력이 탁월한 탄소나노튜브섬유로 만들어 차체가 배터리 역할을 하며 전력을 충전하는 시스템이다.(한국에서 개발 중) 그리고 충전 시스템의 혁신으로 구태여 충전소까지 가지 않아도 길을 달리다가 신호등 대기 중에 지하에 깔려 있는 충전기로부터 무선 충전이 되는 시스템을 개발 중이라니.(현재 스웨덴에서 시운전 중) 과연 이런 꿈의 전기차가 언제쯤 나올지 기대된다.

2.
중국의 전자상거래 및 결제 산업 (FINTECH 산업)

2022. 10.

현금 결제 사회에서
바로 모바일 QR 결제로 넘어간 중국 결제 산업(Fintech)

핀테크란 영어의 금융을 의미하는 FINANCIAL과 기술을 뜻하는 TECHNOLOGY의 합성어다.

4차산업기술의 핵심인 빅데이터, 모바일, 인공지능, SNS 등을 이용한 신기술에 의한 금융 체계라 할 수 있다.

2천 년대 초까지만 해도 중국을 방문했을 때 식당이나 기념품 매장에서 신용카드를 내면 받아 주는 곳이 극히 드물었다. 무조건 현금 결제였다. 그 당시에 중국은 신용 사회로 진입하지 못해 신용카드 보급이 미미했었다.

그러다가 2010년대 중반쯤 중국을 찾았을 땐 너무나 변해 있었다.

이젠 현금 결제가 거의 없는 사회로 접어들었다. 오로지 스마트폰에 의한 QR코드 결제만이 행해진다. 현금을 내도 잔돈 거슬러 주기가 귀찮으니 상을 찌푸린다. 그보다도 현금 지불할 카운터가 아예 보이질 않는다. 메뉴도 QR코드를 갖다 대야만이 알 수가 있다. 사용 방법을 몰라 현금으로 지불하곤 했다. 백 위안짜리 고액권이라도 낼 때는 가짜 돈인지 식별하느라 앞뒤로 돌려보고 불에 비춰 보고 난리를 피운다.

이젠 중국은 현금이 필요 없는 사회가 되었다. 그러니 거지들도 구걸 시 QR코드를 걸고 다니면서 구걸한다.

신용 사회로 진입하지 못해 신용카드 보급이 어려웠던 낙후된 그들의 결제 시스템을 4차산업혁명의 모바일 결제라는 첨단 결제 시스템으로 바로 이끌어 주었다.

모바일 결제로 인해 위조지폐가 사라진 중국

중국은 위조지폐의 천국이었다. 한때 1년에 1,500억 원이라는 위조지폐가 발견되던 나라였다. 발견되는 양이 이런데 실제 유통되는 규모는 훨씬 크리라 본다. 현금 거래가 사라지고 모바일 결제로 전환됨으로써 이렇게 엄청난 위조지폐를 방지할 수 있었다. 그리고 돈 흐름의 투명성이 확보되어 검은 뭉칫돈이 사라졌다. 자연히 부정부패가 줄어들었다. 가장 중요한 것은 인터넷 모바일 결제에서 얻어지는 사용자 개개인의 소비 형태와 돈 씀씀이에 관한 데이터 수집이 가능하게 되었다. 여기에서 빅데이터가 만들어지고 이것이 4차산업의 전자상거래 신유통에, AI(인공지능) 산업에, 그리고 자율주행 등에 이바지하게 되었다.

이 모든 것은 우선 스마트폰이 있고 인터넷의 발전이 있었기에 가능했다.

2010년 이전까지는 인터넷이 느려 터져서 답답할 때가 많았다. 와이파이의 보급이 늦어져 자연히 PC의 보급도 어려워져 한국이나 일본처럼 PC를 기반으로 하는 서비스가 개발되지 못했다. 이럴 때 국내의 모바일 기기 메이커들 즉, 화웨이, 샤오미, 오포, 비보 같은 A급 업체들뿐만 아니라 그 밑의 수많은 스마트폰 중소 메이커들이 저렴한 모바일을 보급하기 시작했으니 순식간에 거의 모든 국민들 손에 인터넷이 가능한 스마트폰이 쥐어지게 되었다. 더구나 이동통신망 장비업체인 화웨이와 ZTE(중흥통신)가 빠른 시일 내에 전국에 기지국 설치를 완공함으로써 10억에 가까운 국민들이 스마트폰 사용을 가능하게 하였다. 거기에다 오늘날은 인터넷 속도가 엄청 빨라져서 전자상거래에서나 모바일 결제 등 4차산업의 적용, 활용에 아무런 문제가 없다. 참고로 오늘날 중국은 전국에 이동통신 기지국이 200만 곳에 이르렀으며 이 숫자는 전세계 기지국의 70%에 해당한다. 뿐만 아니라 5G네트워크가 전 시가지의 92%를 커버하는 세계의 톱 국가이다.

중국 내엔 300곳이 넘는 스마트폰 메이커들이 있다. 그중 샤오미, 오포, 화웨이 등은 세계적인 기업으로 삼성전자와 애플을 위협하고 있다. 갤럭시나 아이폰보다 훨씬 싼 샤오미나 오포 같은 폰들도 중국의 서민들은 비싸게 받아들인다. 그보다 훨씬 싼 휴대폰들이 끝없이 쏟아지고 있다. 아주 저렴한 보급형을 만들어 연간 3억 대 이상을 국민들에게 보급함으로써 중국의 모바일 시대를 열 수 있었다.

14억 중국인 중 68%인 9억 5천만 명이 스마트폰을 사용하며 이들은 인터넷이 가능한 부류이다.

과거 지방엔 전화선을 깔지 못해 유선전화도 없었을 뿐만 아니라 열악한 환경으로 개인용 컴퓨터가 미처 보급되지 못한 상태에서 무선 모바일 휴대폰이 등장했으니 그 전파속도가 엄청 빠를 수밖에 없었다. 결국 중국은 유선 전화 시대를 거치지 않고 뛰어넘어 바로 무선망 인터넷을 이용하는 모바일 체계로 들어갔었기에 오늘날과 같이 빠른 인터넷 모바일 사용이 가능했다. 만약 유선전화 체제로 가기 위해 그 넓은 중국 전역에 전화선을 깔게 된다면 어마어마한 전선이 필요했으리라고 본다. 게다가 편리한 SNS를 개발한 텐센트나 인터넷상거래를 활성화시킨 알리바바가 없었다면 지금과 같은 핀테크의 발전이 없었을 것이다.

세계 10대 핀테크기업을 보면 미국이 3개, 중국 역시 3개 기업(앤트, Qudian, Lufax)이 들어 있다.

알리바바의 탄생

1999년 항저우의 한 고등학교 영어 교사였던 마윈은 8천만 원으로 전자상거래 업체, 알리바바를 설립한다. 그는 "지금 중국 내의 수많은 인터넷 쇼핑몰을 제치고 중국 최고의, 세계 10위 내의 전자상거래 기업으로 키우겠다."고 설립 당시 포부를 밝혔다. 그후 알리바바는 출발 14년 만에 170조 원 매출이라는 놀라운 실적을 올려 세계 최대의 전자상거래 기업으로 우뚝 서게 되었다.

2014년 9월 알리바바의 뉴욕증시 상장으로 월스트리트에 엄청난 쇼크를 던져주었다. 상장 첫날 주식의 폭등으로 주가 총액이 242조 원을 기록, 인터넷 플랫폼 기업 중 아마존, 페이스북, 삼성전자를 제치고 구글에 이어 세계 2번째의 시총을 기록했다. 그들의 저력은 매년마다 치뤄지는 11월 11일의 광군제 판매 행사(아래에서 설명)에서 잘 드러나고 있다. 2019년 광군제 하루 동안의 판매액이 45조 원이 넘었으니 정말 믿기 힘든 실적이다. 이는 E마트의 일년 매출액의 두 배에 가까운 금액이다. 또 금년의 광군제에선 어떤 신기록을 세울지 궁금해진다.

알리페이와 위챗페이의 탄생

알리페이의 마윈은 전자상거래를 확대해 나가고 대금결제상 문제점들을 해결하기 위해 독자의 결제 시스템인 알리페이를 만들게 되었다. 기존 금융 시스템으로서는 해결할 수 없는 사각 지대를 파고든 셈이다. 텐센트의 마화텅 역시 획기적인 결제 시스템, 위쳇페이를 만들었다. 이 당시 기존 금융 그룹에선 새로운 금융 시스템의 탄생에 대해 반대가 무척 심했다. 그러나 중국 정부는 은행들의 반대를 억누르고 신규 사업에 지원을 해 주었다. 초창기에 수많은 문제점들이 발생했지만 중국 정부는 이 새로운 핀테크 산업이 궤도에 올라설 때까지 아무런 규제도 취하지 않고 있다가 활성화된 다음에 여러 가지 규제들을 취하고 있다.

알리페이와 위쳇페이의 탄생으로 결제 시스템 즉, 핀테크 분야에서 획기적인 혁명이 일어났으며 이젠 알리페이는 중국에서 제일 많이 사용하는 지불 수단이 되었다. 오늘날 9억 명 이상의 중국인들이 알리페이를 쓰고 있으니 전 국민의 3분의 2 이상이 쓰고 있는 셈이다. 중국의 모바일 결제 양대 산맥인 알리페이와 위쳇페이가 중국 전자 결제의 95%를 장악하고 있다.

알리페이나 위쳇페이는 단 한 번의 클릭만으로 결제가 진행되는 간편하고 안전한 온라인 결제 시스템이다. 소비자가 알리바바의 전자상거래 사이트에서 물건을 구매하고 대금을 자기의 QR코드에서 알리페이에 지불하면 그 대금은 바로 판매자에게 지불되지 않고 보유하고 있다가 구매자의 물품 수령이 확인된 후에 대금을 전해 주는 방식이다. 오프라인에서의 물건 구입 대금이나 음식값을 지불할 때는 업주의 QR코드에 자기의 QR코드를 갖다 대면 본인의 알리페이나 위챗페이의 구좌에서 돈이 나가는 방식이다.

QR 결제에서 안면 인식 결제로

중국인들은 스마트폰과 자기의 등록 QR코드만 있으면 어디서나 결제를 할 수 있는 세계에서 제일 빠른 핀테크 사회를 형성하여 현금 없는 사회를 이룩하였다. 현금을 들고 다니지 않으니 현금 푼돈을 구걸하는 거지들도 이젠 자기의 QR코드를 목에 걸고 다니며 구걸을 하고 있다. 역시 세계 최첨단의 구걸방식이다.

더 나아가 이제 중국은 QR코드 활용의 모바일 결제에서 더욱 발전하여 안면 인식만으로 결제가 가능한 시스템으로 바뀌어 가고 있다. 결제를 하는데 스마트폰 없이도 얼굴만 가지고 다니면 모든 게 결제가 되는 시대가 도래했다. 이제 중국의 결제 시스템은 QR 인터넷 결제와 안면 인식 결제를 합치면 90%가 훨씬 넘는다. 그들은 결제 수단으로 거의가 알리페이나 위챗페이를 이용하고 있다. 모바일 결제의 시행 초창기인 2014년에 모바일 결제 금액이 6조 위안(1,000조 원)이던 것이 2020년엔 249조 위안(4경 2천조 원)으로 40배로 늘어났다. 오프라인에서의 상거래를 제외한 인터넷상거래의 결제 금액이 이 정도라니 정말 어마어마한 거대시장이다.

잘 납득이 가지 않겠지만 지난 2019년 11월 11일 알리바바가 광군제(1111 독신자의 날, 한국의 빼빼로 데이) 때 하루 동안 판매한 실적을 보자. 이날 그들은 총 13억여 개의 상품을 팔아 2,682억 위안(45조 원)의 매출을 기록했다. 이는 현대중공업의 1년 매출과 맞먹는 금액이며 E마트의 2년간의 매출액과 맞먹는다. 이렇게 하루 동안 수억 명이 알리바바의 플랫폼으로 쇄도했으나 접속이 지연되거나 서버가 다운되었다는 얘기는 한 건도 없었다. 알리바바의 탁월한 기술력과 첨단의 클라우드 활용에 놀라울 뿐이다.

중국의 FINTECH 산업이 급속도로 발전한 이유

중국은 어떻게 이렇게 모바일에 의한 전자상거래와 모바일 결제 시스템을 발전시켰을까?

전통적으로 중국의 금융 시스템은 국영은행을 중심으로 이루어 졌으며 항상 대출적체현상을 겪으며 중소기업, 일반인은 대출 받기가 무척 힘들었다. 국영은행들의 금리는 낮으나 대출을 받기 어려운 사각지대의 중소기업이나 일반 개인들을 대상으로 핀테크 기업들이 이들을 흡수함으로써 빠르게 성장할 수가 있었다. 게다가 구태의연한 은행들의 낙후된 운영이 핀테크 산업 생성과 급속도의 성장을 이룩하게 된 원인이기도 하다. 여기에 더하여 중국 정부가 핀테크 사업을 하는 IT 기업들, 바이두, 알리바바, 텐센트(BAT) 등이 이 신규 사업을 원활히 추진할 수 있도록 지원하며 기존 은행들의 불만과 반대를 잠재우고 규제조치는 안착이 된 후에 취함으로써 핀테크 산업의 폭발적인 발전을 꾀할 수 있었다고 본다.

그리고 하드적인 측면으로 모바일 기기(스마트폰)의 급속한 보급과 알리바바, 텐센트, 징동, 디디츄싱과 같은 전자상거래 업체들의 혁신적이고 발 빠른 온라인 거래장 개설(홈페이지)과 간편한 결제 시스템(핀테크)의 도입, 그리고 중국 전역에 거대한 와이파이의 설치가 짧은 기간 동안에 이뤄졌기 때문이라고 본다.

3.
중국의 인공지능(人工智能, AI) 산업의 현주소

2022. 9.

인공지능 개발엔 빅데이터가 필수

이제 중국은 인공지능 기술 역시 세계 1, 2위를 다투는 인공지능 강국으로 부상했다. 짧은 시간에 이렇게 발전할 수 있었던 이유는 어디에 있을까. 정부의 인공지능 개발에 대한 확고한 신념으로 업체들을 적극적으로 지원해 왔고 14억 인구를 기반으로 한 거대한 내수시장에서 생성되는 빅데이터를 알리바바, 텐센트 같은 거대 플랫폼 기업들이 여러 4차산업에 잘 활용했기 때문이다. 한국에서는 '개인정보보호법' 때문에 도저히 불가능한 개인정보수집을 중국 정부는 기업에게 진작부터 허용하고 정부의 빅데이터 역시 기업들에게 접근을 용이하게 하였다.

여기에서 각 기업들은 10억에 가까운 스마트폰을 사용하는 소비자들의 개인정보 및 소비행태를 집대성하여 빅데이터를 만들 수 있었고 이 빅데이터가 인공지능 개발, 얼굴 인식 산업, 핀테크 산업, 드론 산업, 차량 공유 산업 등에 쓰이게 되었다. 뿐만 아니라 전 세계의 빅데이터가 필수적인 산업들 즉, 구글이나 페이스북, 네이버 같은 빅테크 기업들은 중국이 가진 이 어마어마한 빅데이터를 얻기 위해 필사의 노력을 하고 있다.

중국의 첨단 얼굴 인식(人臉識別) 기술

그중 얼굴 인식 시스템은 오늘날 중국이 자랑하는 최고의 첨단 기술이다. 중국 내엔 4억 대가 넘는 CCTV가 전국에 깔려 있다. 도시의 시가지에선 5대 이상의 감시 카메라가 한 사람을 비추고 있다. 중국인은 스마트폰 구입 시 반드시 얼굴 인식을 등록해야만 한다. 이렇게 하여 모든 스마트폰 사용자의 개인신원 사항을 데이터화하였으며 문제발생 시 언제나 추적할 수가 있다. 안면 인식 기술은 중국 정부가 전 국민을 감시하는 데 핵심적인 기능을 발휘하고 있다. 안면 인식 시스템이 강화되자 범죄자가 눈에 띄게 줄어들었다. 한국에선 코로나 19 감염자의 방문

궤적을 알아내느라 애를 먹고 있지만 중국은 감염자의 행동거지를 얼굴 인식으로 다 파악한다. CCTV만 조사하면 감염자의 행동거지를 다 파악할 수 있기 때문이다.

중국의 경찰관들이 쓰고 있는 얼굴 인식 스마트 선글라스는 2~3초 이내에 상대의 명세를 파악할 수 있다. 나이, 주소, 운전면허 유무, 범죄사실 등등…. 심지어 체온까지도 측정 가능하기 때문에 코로나 감염 여부를 쉽게 판별할 수 있다. 중국이 코로나 19에서 일찍 빠져나올 수 있었던 것은 이러한 신기술의 공이 크다 하겠다.

얼마 전 6만여 명이 운집한 한 행사장에서 이 선글라스와 CCTV로 지명수배자를 체포한 사건은 인권침해라는 여론을 잠재우고 CCTV와 스마트 선글라스의 보급에 많은 힘을 보태 주고 있다. 중국에는 형편이 되는데도 국가채무를 고의로 안 갚거나 법원명령을 실행하지 않는 사람들은 블랙리스트에 올라가 있어 비행기나 고속철도를 이용할 수 없도록 규제해 왔다. 과거엔 있으나 마나 한 규제였으나 안면 인식 시스템이 개발된 지금은 공항에서, 철도역에서 이러한 범법자들을 철저하게 걸러내고 있다.

한국에서는 현행법상 어림도 없을 개인의 안면 인식 데이터의 활용에 대해 중국 정부는 혁신, 개발을 위해서는 정부가 나서서 걸림돌을 다 제거해 주며 업체들의 기술개발이 다 이루어져 상용화될 때까지 기다려 준다. 문제점이 있으면 그후에 제약을 가한다. 정부의 이러한 지원에 힘입어 중국의 안면 인식 기술을 여기까지 키워온 업체가 샹탕커지(商湯科技, Sense time)와 쾅시커지(Megvii), 윈총커지(Cloud work) 그리고 이투커지의 4인방이 공로자들이다. 이들의 안면 인식 기술은 오늘날 세계의 시장을 석권해 나가고 있다. 참고로 샹탕커지(Sense Time)는 미국의 블랙리스트에 올라가 제재를 받고 있는 중국 최대의 인공지능 회사다. 그들이 위구르족의 안면 인식 기술을 개발하여 신장위구르 자치구 내에서 벌어지는 인권유린에 일조했다는 이유이다.

세계적인 안면 인식 기술은 중국 곳곳에 설치되어 있는 4억 대가 넘는 CCTV의 덕분이다. 수많은 데이터가 수록되어 있는 이 CCTV에 중국 정부가 민간기업의 접촉을 허용했기에 그들은 방대한 데이터를 확보해 세계 최고의 인공지능을 만들었으며 이가 꼭 필요한 세계의 빅테크 기업들도 이들의 데이터를 이용하고 있다.

중국 경찰이 스마트 선글라스를 착용하여 개인을 체크하는 모습

과도한 개인정보보호법이
한국의 안면 인식 산업을 막고 있다

우리나라가 인공지능 특히 안면 인식 분야에서 중국을 따라
가지 못하는 이유는 '개인정보보호법'이라는 태산같이 높은 장
애물이 버티고 있기 때문이다. 그러기에 실력 있고 자금력 또
한 풍부한 네이버나 카카오 같은 우리의 플랫폼 기업들이 개인
정보엔 접근조차 어려워 아직도 걸음마 단계다. 반면 근년 10여
년 동안에 미국이나 중국의 빅테크 기업들은 세계 최고의 인공
지능을 개발하여 우리를 압도해 가고 있다.

안면 인식 기술은 은행업무, 모바일상거래, 대중교통 시스템
에도 새롭게 활용되고 있다. 선전, 광주를 비롯한 10개 도시에
서는 지하철을 탈 때 개찰구 스크린에 얼굴을 가져가면 인식 후
문이 자동으로 열리고 요금은 목적지에 내렸을 때 승하차 지역
을 자동으로 인식해 등록된 계좌에서 자동 결제된다. 비행기 탑
승 시에도 얼굴만 등록하면 탑승권이 필요 없으며 은행의 현금
인출기(ATM) 사용 시에도 얼굴만 갖다 대면 돈이 흘러나온다.

반면 중국 정부는 인터넷에 관한한 어느 나라보다 강력한 통
제 정책을 쓰고 있다. 만리방화벽이란 인터넷 감시 시스템을 만
들어 5만여 명의 인력을 투입하여 해외로부터의 접촉을 막고 국

내의 온라인뉴스나 개인의 SNS를 검열하고 있다. 2010년에 이런 제약들 때문에 중국에서 철수한 구글은 다시 중국에 재진입을 시도하고 있다.

페이스북 역시 중국에 진입하기 위해 다양한 활동을 펼치고 있다. 그러면 구글이나 페이스북 같은 세계적인 플랫폼 기업이 왜 이렇게까지 중국 시장에 진입하려고 발버둥을 칠까. 이는 한마디로 14억의 중국 시장이 너무나 거대하고 여기서 터져 나오는 풍부한 데이터가 너무나 필요하기 때문이다.

인공지능 알파고의 무서움

2016년 3월 우리에게 AI 알고리즘의 무서움을 알려 준 일대 사건이 있었다. 이세돌 9단과 인공지능 기사 알파고와의 바둑 대국이었다. 알파고는 구글딥마인드에서 개발한 바둑의 인공지능 프로그램이다. 수십만 건의 바둑 대국의 데이터를 총집결해 만든 인공지능 알고리즘이다. 알파고(Alpha Go)에서 go란 일본에서 바둑을 일컫는 말이다(Go=碁). 대국의 결과는 알파고의 대승이었다(4:1). 그리고 1년 후 중국 세계 최고의 기사 커제(柯潔, 25)와의 대결이 있었다. 이 결과 역시 알파고의 완승이었다(3:0). 결국 인간의 능력은 AI알고리즘을 이길 수 없다는 신념을 심어 주었다. 그러나 이보다 더 무서운 사실은 이렇게 완벽한 알파고의 실력도 알파고들 스스로가 만드는 실력 앞에선 허약하기 그지없다. 이세돌과 대국한 알파고를 '알파고 리'라고 한다. 그리고 인간의 대국 실력을 전혀 참조하지 않고 알파고들끼리 대국하여 쌓은 실력의 것을 '알파고 제로'라 한다. 알파고 제로와 알파고 리를 대국시킨 결과 100:0으로 알파고 제로의 압승이었다.

지난해 중국에서는 의료 로봇이 의사자격시험에 합격해서 중국을 떠들썩하게 한 일이 있었다. 스스로 사고하고 추리하지 않고서는 절대 풀 수 없는 문제도 간단히 풀었다 하니 스스로 생각할 줄 아는 능력을 가진 로봇임엔 틀림없다. 의료용 로봇을 계속 교육시키고 훈련시키면 바둑에서의 알파고처럼 안간으로서는 도저히 뛰어넘을 수 없는 지식을 갖춘 의사 중의 의사가 탄생할 것이라는 확신을 심어 주었다. 수년 내 보조하는 의사와 X-ray, CT, MRI 판독 정도는 로봇의사가 담당할 날이 올 것 같다.

앞으로 얼마나 막강한 인공지능의 알고리즘이 탄생될지 인간으로서 한없이 나약하게 느껴지는 날이 올지도 모르겠다.

4.

중국의 드론(DRONE) 산업

2022. 9.

드론의 탄생 과정과 발전사

원래 드론은 군사적 목적(전쟁용)으로 개발되었다. 오늘날의 드론은 1917년 미국에서 제작되어 폭탄을 싣고 무인항공에 성공한 것이 최초의 드론이라고 볼 수 있다. 그러나 무인항공을 가능케 한 이론의 창시자는 1898년 오스트리아계 미국인이었던 니콜라 테슬라의 연구에서였다. 오늘날의 테슬라 전기자동차는 니콜라 테슬라가 만든 AC인덕션 모터(유도 전동모터)를 기반으로 전기자동차를 제조하게 되고 회사 이름 역시 테슬라의 이름을 따 왔다.

드론(DRONE)이란 수벌을 뜻하는 바 윙윙하는 소리에서 수

벌, 즉 드론이라고 명명했다고 한다. 아무튼 무인조종의 메리트를 살려 미국이 군사의 정찰이나 감시 등의 목적으로 사용하다가 민간 부문(지리탐구, 기상관측, 농업용, 물류, 엔터테인먼트 분야)에서 수요가 폭발적으로 일어나 시장 규모가 커지게 되었다. 드론의 시장 규모는 2015년엔 81억 불(10조 원)이었으나 2021년엔 30조 원, 2026년이 되면 90조 원을 넘길 전망이다.

미국은 군용 드론 산업에서 세계를 석권하고 있으며 중국은 상업용, 민간용 드론 산업이 세계를 석권하고 있다. 민간용, 상업용 드론은 중국의 민간기업 DJI가 전 세계의 70% 이상을 점하고 있다.

미국의 군사용 드론은 미국 내의 전통적인 군수 기업들, 보잉이나 록히드마틴, 레이시언 등 유명 군수 업체들 중심으로 정부의 지원을 등에 업고 발전해 온 것은 주지의 사실이다. 그러나 상업용 드론에서 중국이, 특히 DJI가 그 짧은 기간 내에 세계 드론 시장의 70%를 석권했음을 주목하고 우리 정부나 업체들은 반성해야 한다.

중국 이항(E Hang)의 드론택시

중국 드론 산업의 발전

우선 중국의 실태를 살펴보면 중국엔 현재 400여 개의 드론 제조 업체들이 있다. 그들 중 DJI는 중국 내 드론 시장 80%를 점유하고 있으며 수출 비중이 80%가 넘는 세계적인 수출 기업이 되었다. DJI는 초창기인 2013년에는 1,500억 원의 매출에 불과했으나 오늘날(2020년) 매출액이 4조 9천억 원을 기록하며 9년 사이 무려 33배나 증가하였다. 그들의 시가총액 또한 30조 원을 넘기고 있다. 이는 우리나라 네이버의 시총보다 큰 액수이다.

그 뒤를 이어 세계 최초로 사람을 태울 수 있는 유인드론을 개발한 이항이라든가, 링링커지, 다오퉁, 우라마, 엔트워크 등 수많은 스타트업 기업들이 우후죽순처럼 자라나고 있다. 이항은 2016년에 중량 100kg 미만의 사람이 탈 수 있는 드론을 개발하여 시판 중이다. 시속 160km로 30분간 비행 가능하다.

이에 비해 우리나라의 드론 기업들은 너무나 영세하고 미미하다. 거의가 연 매출 20억 원 내외이며 종업원 수 10여 명인 업체가 많다. 가이온, 네스엔텍, 두시텍, 그리폰다이나믹스 등등….

30조 원이 넘는 전 세계의 드론 시장을 장악한 중국! 중국의 드론 산업이 이렇게 빨리 그리고 거대 규모로 발전할 수 있었던 이유는 어디에 있을까? 그것은 무엇보다 중국의 거대한 내수시장을 들 수 있다. 그리고 중국 정부의 적극적인 드론 산업의 육성이 있었다.

드론 개발의 특성상 수많은 비행시험을 거쳐야 하는데 중국 정부는 드론 산업의 발전, 육성을 위해 비행 테스트에 대해 승인제가 아닌 신고제로 운영하고 있다. 즉 116kg 미만 드론의 비행 시험 시 모바일로 신고만 하면 테스트 비행을 할 수 있게 되어 있다.

한국 드론 산업의 열악한 환경

이에 반해 우리나라는 IT 관련 기술력으로 봐서는 드론과 같은 첨단 산업을 충분히 주도할 수 있으나 성장하지 못하는 이유로 정부의 과도하고 수많은 규제들이 발목을 잡고 있는 점이라고 본다.

미국과 중국은 규제를 함에 있어서 네거티브 방식 즉, 안 되는 것, 허가가 필요한 부분만 열거하고 그 외 것은 전부 가능하게 풀어주는 데 반해 한국은 포지티브 방식 즉, 가능한 몇 가지를 열거하고 나머지는 불가하다는 방식을 취하고 있는 것이 드론 발전에 큰 장애물이 된다. 하루 빨리 미국, 중국과 같이 네거티브 시스템으로 바꿔야 한다고 아우성이다.

정부는 2025년까지 드론 산업 1조 원대로 올려 세계 7대 강국으로 도약하겠다는 목표를 세웠으나 문제는 현행 드론에 관한 항공 안전 규제법들이다. 현재 드론 산업 발전의 발목을 잡고 있는 제약들을 조속히 완화 내지는 해제시켜 집중 육성하지 않는 한 이대로는 불가능한 얘기다.

드론 기기의 인증 및 비행 신청 시 승인까지의 절차가 너무 복잡하며, 시간이 많이 걸려 이대로는 도저히 드론 선발주자들을 따라잡을 수 없다.

현재의 국내 항공안전법의 규제 상황을 보면 공항 주변이나 비행 금지 구역, 행사장 부근이나 인구 밀집 지역, 군사 시설 부근, 해가 진 야간에는 비행이 금지되어 있다. 중량 2kg을 넘는 드론은 비사업용일지라도 항공청에 '장치신고'를 해야 하며 25kg이 넘으면 교통안전공단으로부터 '안전성인증'도 발급받아야 한다.

수도권에서 드론을 날릴 수 있는 지역은 너무나 제한적이다. 더구나 무게 12kg가 넘는 드론을 날리려면 운항자격증이 필요하며 지방항공청에 기체를 신고해야만 한다. 비행 촬영을 겸할 경우엔 국방부로부터 별도의 허가를 받아야 한다. 더구나 고도 150m 이내 및 가시거리 내에서 날려야 하며 사람이 많은 곳과 해가 진 후에는 드론을 날릴 수 없다. 조종 자격도 여간 까다롭지가 않다. 이런저런 연유로 지금의 한국 드론 산업의 시장 규모는 2020년에 5천억 원 규모로 세계의 1.6%로 아주 미미한 실적이었다. (일본은 7%를 넘김)

이에 비해 중국 정부는 드론 산업 발전에 장해가 되는 규제를 풀어주고 적극적인 지원을 하고 있다. 가령 중국은 116kg 미만의 드론 비행은 모바일신고만 하면 비행할 수 있으며 비행시 촬영에도 허가가 필요 없다. 이렇게 중국 드론 산업은 정부의 적극적인 지원과 중국 내의 거대 IT 기업들(알리바바, 텐센트 등)의 적극 투자와 용도 개발에 힘입어 후발주자이면서도 엄청난 발전을 거듭하고 있다.

중국 드론 산업의 선구자 DJI

이러한 호조건의 온실 속에서 자란 드론 업체가 DJI(大疆創科技有限公司, Dajiang Innovations science &Tech Co.,Ltd.)이다. 2006년 왕타오(王滔, 42)가 선전에서 창업했다.

과거 2013년 출시된 그들의 대표적인 모델인 '팬텀(Phantom)'은 같은 사양의 외국 제품과 비교해 가격은 절반 정도다. 팬텀4 모델은 세계 최초의 인공지능이 적용된 드론으로 장해물을 피해 갈 수 있는 기능과 스마트폰 화면상에서 특정 지점을 누르면 거기로 갈 수 있는 기능을 처음으로 개발했다.

그들은 짧은 시간 내에 일반인들이 쉽게 사용할 수 있는 모델과 소프트웨어를 착착 개발해 나감으로써 드론의 대중화를 이끌어 냈음은 물론 세계 드론 업계의 표준을 만들고 리드하고 있다. 전 세계 상업용 드론의 10대 중 8대는 중국제이며 이 중 7대는 DJI의 제품이라고 봐도 된다.

DJI의 phantom 4 모델

중국의 드론 산업은 전적으로 중앙정부와 지방정부에서 만들어 낸 것이라 해도 지나친 말이 아니다. 중앙정부는 드론 육성 발전에 장해가 되는 규제를 과감히 완화 또는 철폐했을 뿐만 아니라 DJI 본사가 위치한 선전시정부도 '통용항공비행관제조례(通用航空飛行管制條例)'까지 만들어 지원하고 있다. 더구나 시정부는 선전과 광동 지역에 민간 드론 제조 공장과 연구소를 집중 육성하고 있다. 그런 연고로 오늘날 중국 내 400여 개의 드론 업체들 중 300여 개가 선전시에 집중되어 있다. 이는 중국 내의 4차산업을 위한 하드웨어가 최고조로 발달한 선전시가 제조업의 인프라가 모두 갖춰진 도시이기 때문이다.

중국에서 IT 산업이 가장 발전한 선전시(深圳市)

참고로 선전이란 도시는 중국의 실리콘벨리라 불리는 IT 산업의 최첨단 도시이다. 중국의 빅테크 기업들, 텐센트, 화웨이, BYD, 샤오미, 폭스콘, DJI 등이 이곳에서 탄생된 기업들이다. 시내의 2만 대에 가까운 시내버스, 1만 5천 대가 넘는 택시들은 2018년에 벌써 전기차로 대체되었으며 세계 최초의 스마트시티로 착착 진행되고 있다.

선전시가지

5.

중국 반도체 산업의 현주소

2022. 10.

변변치 못한 중국의 반도체 산업

삼성전자 평택 반도체 공장 조감도

중국은 4차산업 즉, 핀테크, 인공지능, 전자상거래, 전기차 및 배터리 산업에서는 어느 누구도 따라갈 수 없는 독보적인 존재이지만 딱 한 가지 그들이 내세우기엔 민망하고 변변찮은 4차산업의 핵심 분야가 있다. 바로 반도체 산업이다. 우리 한국은 가지고 있지만 그들은 못 가진 분야가 반도체의 생산 기술과 시설이다.

반도체야말로 4차산업에선 필수적인 쌀과 같은 존재다. 수년 내 다가올 자율주행 시스템이나 첨단의 드론, 슈퍼컴퓨터, 최신 무기, 인공지능 산업과 같은 첨단 산업에선 메모리 반도체 내지는 시스템 반도체 없이는 한 발짝도 전진할 수가 없다. 이렇게 중요한 반도체인 것을 그들은 너무나 잘 알기에 반도체에 관한 그들은 국운을 걸고 있다. 해당 업체에 지원자금을 물 뿌리듯 뿌리고 있다. 그래서 지난 한 해 동안 새로 탄생한 반도체 관련 회사가 4만 7천 개가 넘는다. 지원금도 있겠지만 중국의 반도체의 수요는 상상을 초월하기 때문이다. 지난해 7월 파산하여 지금은 국영 기업으로 처리된 중국 최대의 반도체 기업 '칭화유니(紫光集團)'에 그동안 중국 정부는 천문학적인 자금(800조 원?)을 쏟아부었다. 그러나 이렇다 할 실적을 내놓지 못하고 파산 직전 국유화되고 말았다.

삼성전자의 중국 산시성 시안(西安)에 소재한 낸드플래시 공장

SK하이닉스의 이천 공장

4차 산업과 중국/중국인

하이닉스의 장쑤성 우시시, 無錫市에 소재한 D램 생산공장

세계 최대의 반도체 소비국, 몇 세대 뒤쳐진 생산 기술, 수입에만 의존하는 장비

중국은 전 세계의 반도체 60%를 소비하고 있다. 그들이 사용하는 반도체 중 자급율은 16%에도 못 미친다(이 속엔 삼성, SK, TSMC가 중국에서 생산하는 양도 포함). 순수한 중국 기업의 생산량은 8% 정도이다. 이렇게 큰 반도체 시장을 갖고 있으면서도 자급률을 올리기란 여간 어려운 게 아니다. 기술과 시설(장비) 때문에….

엎친 데 덮친 격으로 최근 미국은 중국의 반도체 산업을 더 이상 발전하지 못하게 벽을 만들고 있다. 수많은 4차산업 분야에서 중국이 미국을 따라잡거나 치고 올라오는 상황에서 그들 미국은 불안감을 느끼고 있다. 절대로 반도체만큼은 중국에 내주지 않겠다는 각오다. 우선 트럼프 대통령 때 화웨이가 당했다. 5G장비 및 시설 면에서 세계 1위였던 기업을 자유진영국가들로 하여금 수입 금지케 함으로써 날개를 꺾어 놓더니 이젠 화웨이의 스마트폰에도 대만 TSMC로 하여금 첨단 시스템 반도체의 수출을 못하게 하여 첨단 휴대폰을 생산 못 하고 주저앉고 말았다.

중국은 지금보다 고차원적인 테크 산업의 발전을 위해선 5나노/3나노와 같은 첨단의 초정밀 미세가공 반도체가 필요하나 그들의 실력은 현재 14나노에 머물고 있으며 한국과 대만, 미국의 반도체 기업들은 미국의 압력으로 낸드플래시(128단 이상), 14나노 이하의 비메모리칩(메모리는 18나노 이하)은 중국으로 내보낼 수가 없게 되었다.

무엇보다 중국의 최대의 약점인 반도체 생산 장비는 거의가 미국에서 수입해 왔는데 최근 미국이 이들 장비의 중국으로의 수출을 제한시켰다. 반도체 기술 또한 한국, 대만에 비해 몇 세대나 뒤떨어져 있는바 중국은 그들 나름으로 천인계획을 세워 해외의 반도체 기술자를 끌어모으고 있으나 그들 힘만으로 5나노/3나노 같은 첨단 반도체를 생산하기엔 아직은 요원하다. 몇 년의 시간이 걸릴 것이다.

미, 중 두 나라의 반도체 싸움에 중국 내에서 반도체를 생산하고 있는 한국 업체들 또한 엄청난 제약을 받고 있다. 장쑤성(江蘇省) 우시시(無錫市)와 다롄시(大連市)에서 자사 D램의 절반을, 그리고 낸드 플래시도 생산하고 있는 SK하이닉스가 작년 중국 공장에 네덜란드 ASML의 노광장비(EUV)를 들여놓으려 했으나 미국의 반대로 못 들여놓고 있다. SK뿐만 아니라 삼성전자 역시 중국 시안(西安)과 수저우에서 낸드플래시 생산공장과 반도체 후공정 처리공장을 운영하고 있는데 향후 첨단 장비를 그때그때 들여와야만 나날이 발전하는 첨단 반도체를 생산할 수 있으나 향후 많은 어려움이 따를 것 같다.

대당 2,000억 원이 넘는 네델란드ASML의 노광장비(EUV)
삼성은 이 장비를 15대밖에 보유하지 못하고 있다(TSMC는 100여 대 보유)

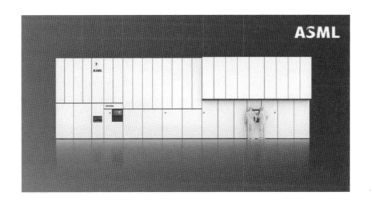

차세대 EUV인 트윈스캔 EXE-5200. 이는 대당 5,000억 원이 넘는다.
ASML은 1년에 5대밖에 생산 못 함.
첫해 생산분인 2024년분 5대는 인텔이 독점 계약함

중국의 4차산업 현황

한국의 턱밑까지 따라온 일부 중국의 반도체 산업

미국이 대중국 수출 금지 내지 규제하는 반도체 관련 법을 보자면 18나노 이하의 정밀 D램이나 그의 생산을 위한 장비, 14나노 이하의 비메모리칩이나 장비 그리고 128단 이상으로 쌓는 낸드플래시 또는 그 장비가 수출 금지 내지는 규제 대상이 되고 있다. 이 규제가 발표되기 전 중국 최대의 낸드플래시 전문 생산 업체인 YMTC(양츠메모리)가 금년 내 3차원의 192단 낸드플래시를 양산한다고 발표했었다. 이에 비해 삼성전자나 SK하이닉스는 현재 176단을 생산하고 있으니 만약 양츠메모리가 발표대로 성공한다면 한국 업체를 앞서갈 수 있다는 얘기다. 이와 같이 중국의 일부 반도체 산업은 한국의 턱밑까지 올라와서 위협하고 있다.

더구나 애플이 스마트폰에 장착하는 낸드플래시를 지금까지써 왔던 삼성과 SK의 것을 쓰지 않고 향후는 YMTC 것으로 쓰겠다는 발표가 있었다. 만약 이렇게 된다면 낸드플래시에 관한한 세계 최고의 기술, 최대의 생산국이었던 한국을 중국이 금방따라잡을 가능성이 있기에 한국으로서는 초미의 관심사가 아닐수 없다. 이에 관해 미국 정부가 애플을 향해 제동을 걸고 있으나 결과가 어떻게 될지 귀추가 주목된다.

YMTC의 우한 낸드플래시 공장

이것뿐만이 아니다. 중국의 BOE(京東方科技集團)는 현재 세계 최대의 휴대폰 및 TV의 디스플레이 생산 업체다. 애플은 아이폰14 OLED 모델에 소량이나마 BOE의 디스플레이를 사용하는 것이 확정되어 한국의 삼성과 SK를 긴장시키고 있다. BOE는 2002년까지만 해도 일본의 브라운관 TV 메이커들의 CRT 디스플레이를 위탁생산하는 하청업체였으나 2003년 현대전자(지금의 하이닉스)의 부도로 인해 LCD 사업을 인수하여 LCD 사업으로 승승장구한 기업이다.

인수 후에도 삼성 디스플레이와 LG 디스플레이의 전현직 엔지니어들을 파격적인 고용 조건으로 채용함으로써 최근엔 한국의 자존심인 OLED의 디스플레이도 스카우트되어 간 이들에 의해 개발되었다.

결국 삼성은 BOE가 중국 정부의 보조금에 의해 벌이는 치킨게임으로 인해 LCD 사업을 포기하고 말았는데 결국 오늘날 BOE는 세계 최대의 display 생산 업체가 되었다.

BOE의 우한 공장, LCD 및 OLED display 생산

미국은 동맹국들의 중국에 대한 투자나 수출 품목에 관해선 일일이 체크하고 규제하면서도 자기 나라 기업들의 행위에 대해서는 규제가 너무 미약하고 미지근하다. 방관만 하고 있다.

중국 정부의 애끓는 반도체에 대한 집념

한참 뒤처진 반도체를 극복하기 위해 반도체 굴기를 내세우며 거국적으로 반도체 기업을 지원하며 돈을 퍼붓던 중국이 도중에서 큰 장애물에 부딪쳤다. 미국의 견제 때문이다. 반도체 업체를 지원하고 육성하기 위해 상하이 증권 시장에 별도로 '커촹반'이라는 나스닥과 같은 기술, 벤처기업들의 자금 조달을 도와주는 전문 시장까지 개설해 준 중국 정부였다. SMIC가 이 시장에 상장하여 66억 달러라는 거금을 조달하였다.

뿐만 아니라 중국 정부는 2,000년대부터 IT혁신기업을 키워주기 위해 국가적 하이테크 기업 인증제도를 실시해 왔다. 그동안 지정된 기업들의 면면을 보면, BATH(알리바바, 바이두, 텐센트, 화웨이), 아이플라이텍(음성인식 인공지능), 하이크비전(CCTV), Sense Time(얼굴 인식 AI), Megvii(얼굴 인식 AI), 샤오미(휴대폰), 징동닷컴(전자상거래), 하이얼(세계 최대 가전 업체), 평안보험 등이 있다.

며칠 전 중국의 바이두(중국의 포털검색엔진 빅테크 업체)가 4단계의 자율주행차 시제품을 내놓으며 내년부터 본격 생산 체제로 들어가겠다고 밝힌 바 있다. 이렇게 된다면 중국의 자율주행차 실용화가 미국의 구글이나 테슬라보다 앞서게 된다. 이 회사뿐만 아니다. 알리바바, 디디츄싱, BYD 등 많은 테크 기업들이 자율주행차 개발에 박차를 가하고 있다. 그러나 문제는 양산시에 필수적인 첨단 반도체의 조달이다. 일반 자동차에는 200~300개 정도의 반도체가 들어가는 데에 반해 자율주행차에는 2,000개 이상의 반도체가 들어가야 한다. 그러나 현재 중국 반도체 기업이 생산해 내는 물량은 국내 소비의 8%에 지나지 않는다. 앞으로는 미국의 규제가 더더욱 심해질 것이다. 미국이 반도체 자체의 대중국 수출을 막을 날이 올지도 모른다. 그럴 경우 중국은 어떤 돌파구를 마련할 것인가.

결국 방법은 그들이 스스로 개발하는 수밖에 없다. 많은 시간이 소요될 것이다. 반대로 한국은 미국이 중국을 저지해 주는 덕분에 당분간(몇 년간?)은 중국의 반도체 업체들의 추격을 의식하지 않아도 되게끔 한숨을 놓았다고 본다. 그러나 한국에겐 그다음이 문제다. 반도체의 공급을 받지 못해 고전하던 중국이 수년 후 한국에 못지않는 반도체를 직접 생산하게 되었을 때 한국의 반도체 산업은 어떻게 될 것인가? 가장 큰 시장을 영원히 잃을 뿐만 아니라 가장 무서운 반도체 라이벌을 맞게 될 것이다. 그래서 오늘날 미국이 종용하는 칩4 동맹이니 IRA법이 달갑지만은 않은 이유이다.

중국은 2천 년대부터 반도체 산업을 키우기 위해 엄청난 자금을 업체들에게 쏟아붓고 지원을 해 왔다. 정부의 막대한 지원을 받아 온 칭화유니는 쓰러졌지만 그 외에도 중국에는 기업 가치가 10억 달러 이상인 반도체 유니콘 기업이 17개나 있다. 참고로 미국은 32개사가 있으며 대만은 21개사가, 한국은 겨우 7개사가 있는 정도다. 더구나 최근의 정보 업체인 S&P Capital의 조사, 발표에 의하면 시총 세계 100대 반도체 기업 중 42개사가 중국 기업이며 미국이 주도하고 있는 칩4 동맹국들은 48개사가 들어 있다. (미국 28사, 대만 10사, 일본 7사, 한국 3사)

한국을 위협하는 중국의 반도체 잠룡들

중국엔 삼성전자나 TSMC, SK하이닉스 같은 세계적인 기술 반도체 기업은 아직 나타나지 않고 있으나 SMIC, 양츠메모리(YMTC), TCL, 웨이얼반도체같이 두각을 나타내기 시작한 잠룡들은 얼마든지 있다. 특히 SMIC(中芯國際, 중신꿔지)는 국영 기업으로서 중국 최고의 반도체 파운드리 업체이다. 세계 파운드리 업체 중에서도 TSMC, 삼성파운드리 다음의 3위 업체이다. 중국 정부의 지원금을 가장 많이 받은 업체가 칭화유니라고 할 수 있겠으나 그다음이 SMIC와 YMTC라고 한다.

얼마 전까지만 해도 SMIC는 중국의 모리스창(張忠謀, 대만의 TSMC 설립자)이라고 불리는 장상이와 량몽송 두 사람에 의해 운영되어 왔다. 이 두 사람은 대만의 TSMC에서 근무하며 혁혁한 공을 세운 엔지니어들이다. 량몽송은 삼성전자에서도 부사장으로 근무하여 많은 공적을 남긴 사람이다. 그러나 두 사람 사이의 알력으로 이렇다 할 실적을 내놓지 못하고 둘다 SMIC에서 하차하게 되었다. 그래서 지금도 SMIC는 미세 단계인 10나노, 7나노, 5나노로 진입하지 못하고 지금도 14나노에서 헤매고 있다. 3나노 칩을 생산하는 삼성보다 몇 단계나 뒤져 있다.

갈 길 급한 반도체 산업, 중국 정부는 어떤 길을 택할 것인가

이렇게 반도체에 관한한 중국 업체들의 진전이 지지부진하다 보니 중국 정부의 고심이 예사롭지 않다.

사드니, IPEF니, 칩4 동맹 등등으로 자기들과 거리를 두는 한 국이 한없이 밉겠지만 초정밀 메모리 반도체를 한국으로부터 받아 써야만 하는 그들의 산업 생태 때문에 한국을 예전같이 윽 박지를 수도 없는 입장이다. 대만을 조속히 흡수하여 TSMC를 비롯한 대만 반도체 업체들을 손아귀에 넣는다면 모든 게 해결 되겠지만 그 뒤엔 미국이 버티고 있다. 그러면서 미국은 "만약 대만을 침공하면 TSMC를 폭파시키고 엔지니어들을 조속히 미 국으로 데려오겠다."고 어름장을 놓고 있다.

과연 중국의 선택은 무엇이 될 것인가. 향후 3~4년이 초미의 관심사다.

업계에서 가장 빠른 속도의 Dram, GDDR 6

6.

한국과 대만의 반도체 산업 비교

2022. 10.

반도체 산업에 의한 대만 경제의 비약적인 발전

한국과 대만은 지리적, 역사적으로는 크게 관련된 바는 없으나 오늘날 경제면에서는 글로벌 반도체 산업의 리더들로서 세계의 이목이 집중되고 있다. 인구 면에서는 한국이 2,380만 명인 대만을 배 이상 앞서고 있으나 일인당 국민소득은 두 나라가 비슷하다. 금년 10월 IMF 발표에 의하면 10월 기준 한국의 GDP가 $33,590로 작년 GDP $35,000보다는 4%가 줄었으나 대만은 코로나 19기간 중 반도체의 활황에 힘입어 같은 시기 GDP가 $35,510로 증가하여 한국과 일본을 앞지르게 되었다. 한국을 19년 만에 다시 추월한 셈이다. 일본은 전년보다 12.6%나 줄어든

$34,360로서(작년은 $39,300) 한국과는 그 격차가 $770로 좁아졌다.

더구나 대만의 대표적인 반도체 파운드리 기업 TSMC(Taiwan Semiconductor Manuf. Co.)의 매출도 금년 3분기부터 삼성전자의 반도체 매출을 추월하여 세계 반도체 기업 1위를 차지했다. 총수출액 중 반도체 수출이 차지하는 비중이 한국은 20% 내외인 데 반해 대만은 35% 정도이다. 한마디로 한국과 대만은 반도체 수출이 국민을 먹여 살리는 반도체 국가라 해도 과언이 아니다. 2021년 세계 반도체 산업 시장 규모가 대략 5,900억 달러(731조 원) 정도였는데 이 중 대만이 20%를 점하고 있다. 대만은 반도체 생산 중 메모리 반도체의 생산은 한국과 비교한다면 미미하지만 시스템 반도체 생산에서는 세계 최대의 TSMC와 UMC(세계 3위), PSMC, VIS 등이 세계 물량의 64%를 생산하고 있다. 과거 대만은 TSMC를 선두로 파운드리 생산에만 역점을 두었으나 지금은 팹리스 즉, 반도체 설계 분야에서도 미국을 앞서가고 있다. 얼마 전 세계 NO.1의 팹리스 기업인 미국의 퀄컴은 대만의 미디어텍에게 1위 자리를 빼앗겼다. 세계 10대 반도체 팹리스(설계만의) 기업 중 4개가 대만 기업이다.(미디어텍, 노바텍, 리얼텍, 하이맥스)

TSMC의 로고

현재 건설 중인 TSMC 일본 구마모토(熊本) 공장
(20나노~28나노 반도체 생산 예정)

설계 분야가 없는 한국의 반도체 산업

이에 비해 한국의 반도체 설계는 아직 걸음마 단계다. 세계 반도체 설계 분야에서 1%도 차지하지 못하고 있다. 국내에 반도체 엔지니어가 많다고는 하나 거의가 메모리 분야 생산에만 치우치고 있다. 이것이 우리나라 반도체 산업의 최대 약점이다. 설계 분야의 인재들을 조속히 배출해야 하는 이유다. 반도체는 크게 메모리 반도체와 시스템 반도체(비메모리)로 나누어진다. 그리고 반도체의 설계만 담당하는, 생산공장을 가지지 않은 팹리스들이 있다.

우리나라는 반도체 관련 기업이라고 해 봐야 메모리 반도체(D램과 낸드플래시)를 주로 생산하는 삼성전자와 SK하이닉스가 주류를 이루고 있다.

시스템 반도체의 중요성

시스템 반도체는 시장 규모가 클 뿐만 아니라 수익성도 메모리보다는 월등히 좋다. 예로 금년 3분기 TSMC는 27.3조 원을 팔아 13.92조 원의 영업 이익을 냈다. 영업 이익율이 무려 50%

가 넘는다. 이에 비해 삼성은 같은 분기에 24.5조 원을 팔아 6조 원의 이익을 냈을 뿐이다. (영업 이익율 24.5%) 삼성전자가 시스템 반도체 분야와 그리고 파운드리 분야에 서둘러 투자하는 것도 이런 이유에서다. 현재의 시스템 반도체 세계 시장 점유율을 보면 TSMC가 52%를, 삼성전자가 18%를 점하고 있다.

미국은 일찍이 반도체 산업 중 가장 수익이 높은 설계 부문인 팹리스 부문만 택하고 생산 부문은 한국과 대만에 맡긴 셈이다. 우리도 하루 속히 팹리스 분야 즉, 반도체 설계 분야에 많은 인재를 길러내어 이 분야의 강자가 되어야만 비로소 반도체의 3위 일체를 달성할 수 있을 것이다.

대만 반도체의 아버지

대만에는 반도체의 아버지로 존경받는 사람이 있다. TSMC를 창설한 대만 첨단 산업의 대부인 모리스 창(張忠謀, 91)이다. 그는 1987년 창업한 TSMC의 회장을 역임하

4차 산업과 중국/중국인

며 대만의 반도체 산업을 탄생시킨 사람 중 한 명이다. 1931년 중국 저장성의 닝보(寧波)에서 태어난 그는 국공 내전을 피해 전 가족이 피난을 다니다가 결국 홍콩을 거쳐 미국으로 이민을 가게 된다.

처음 하버드 대학에 입학했으나 엔지니어가 되기 위해 진로를 바꿔 MIT로 편입하게 된다. 졸업 후 그는 반도체 기업인 TI(텍사스 인스트루먼트)에서 20년간 근무, 부사장까지 올랐으며 재직 중 스탠포드 대학원에서 전기공학박사 학위까지 받은 정통파 엔지니어이다.

1985년 대만 정부의 부름을 받고 대만으로 귀국, 정부의 요청으로 여러 가지 산업을 구상하던 중 반도체 팹리스들로부

터 위탁을 받아 생산해 주는 파운드리 사업을 구상하여 1987년 TSMC라는 반도체 전문 위탁생산 업체를 세계 처음으로 설립하게 된다. 그의 탁월한 기술력과 영업력으로 엔비디아, 마벨, AMD 등 당시 쟁쟁한 팹리스들의 위탁생산을 맡아 생산하게 되었다. 2019년엔 세계 최고 팹리스인 퀄컴의 오더를 받아 오고 삼성전자가 생산을 맡아 오던 애플의 물량까지 확보하게 된다. 이해에 TSMC는 500곳에 가까운 고객사를 확보하며 연간 매출이 43.9조 원으로 오르게 된다.

노광장비(EUV) 생산 업체인 ASML은 슈퍼 을이다

TSMC는 자금확보가 어려웠던 한때 네덜란드의 필립스로부터 큰 투자를 받기도 했다. 아직도 필립스는 TSMC의 대주주로 되어 있다. 그때의 인연으로 노광장비 메이커인 네덜란드의 ASML(필립스가 투자한 회사)과는 밀접한 관계를 맺고 있다.

오늘날 미세한 초정밀 반도체(10나노 이하)를 생산하기 위해서는 반드시 ASML의 노광장비(EUV)가 필요하다. ASML은 세계에서 유일한 노광장비 메이커이다. 1년에 겨우 40여 대밖에 생산하지 못하는 이 회사의 장비를 산다는 게 그렇게 쉽지 않다. 이 장비를 구입하기 위해 모든 반도체 메이커들 간의 쟁탈전이 해마다 벌어지고 있다. 노광장비란 웨이퍼에 극자외선을 쏘아 회로를 만들어 주는 장비다. TSMC가 100대 안팎의 이 노광장비를 보유하고 있는 데 반해 삼성은 15대밖에 확보하지 못해 애를 태우고 있다. 더구나 금년부터 생산에 들어가는 최신형 노광장비(EXE-5200)는 1년에 단 5대밖에 생산하지 못하며 인텔이 2024년 나오는 첫 물량 5대분을 전부 구입 계약한 상태다. 금액도 대당 5천억 원으로 만만치 않지만 그나마도 물량이 없어 삼성이나 TSMC는 2025년에나 물량을 배정 받을 수 있는 형편이다. 중국도 이 장비가 절실히 필요하지만 구입할 수가 없다. 미국이 가로막고 있기 때문이다.

대만이 반도체 생산을 멈춘다면…

차량용이건, 사물 인터넷용이건, 인공지능용이건 시스템 반도체가 들어가지 않는 곳은 없다. 이 막대한 시스템 반도체의 6할 이상을 대만 반도체들이 생산하고 있다. 그러기에 대만 반도체 생산이 멈추면 전 세계의 스마트폰, 노트북, 가솔린/전기차뿐만 아니라 항공기까지 생산을 멈출 수밖에 없다. 이렇게 중요해진

대만의 반도체 기업들에 온 세계의 이목이 집중되는 이유다.

대만인들은 스스로 자위한다. "반도체가 우리 대만을 지켜 준다."고. "TSMC가 있는 한 누구도 대만을 함부로 부수지는 못할 것."이라고,

얼마전 TSMC가 "현재 미국 애리조나주에 짓고 있는 공장 규모를 원래 계획보다 3배를 늘려 총 53조 원을 투자하겠다."고 발표를 했다. 이 발표 후 한동안 대만 국민들 그리고 매스컴들이 소란스러웠었다. "TSMC가 대만을 떠나는게 아니냐?"라고 인식했기 때문에….

이에 대해 대만의 경제부 장관이 나서서 해명해야만 했다. "TSMC의 주 생산기지는 대만이며 대만을 떠나는 일은 절대 없을 것."이라고.

이렇게 대만국민들은 자기들의 토종기업 TSMC가 세계에서 차지하는 비중이 어느 정도인지 잘 알기에 TSMC에 거는 기대 또한 크다.

7.

미국이 우리의 동맹국이라고 할 수 있을까
(반도체를 통해 본 한, 미 동맹 관계)

2022. 9.

중국 견제를 위한 미국의 조치들

미국은 급진적으로 발전하는 중국의 4차산업을 견제하기 위해 많은 견제책을 내놓고 있다. 반도체 산업이나 이미 세계 최고로 올라선 중국의 전기자동차 및 전기 배터리 산업을 견제하고 억누르기 위해서는 전쟁도 불사할 기세다. 이러한 그들의 중국과의 싸움에 동맹우방국들인 한국과 대만, 일본을 끌어들이고 있다.

인도·태평양 지역에서 경제적 연대를 통해 중국의 영향력 확장을 차단하고 견제키 위한 IPEF(인도·태평양 경제 프레임워크)를 구상하여 이 지역 국가들을 규합하고 있으며 더 나아가 미국을 중심으로 중국의 반도체 발전을 저지하기 위해 칩4 동맹 (한, 미, 일, 대만)을 결성코자 하는 것들이 모두 중국을 견제하기 위함이다. 그러던 중 금년 8월 미국에서 또 하나의 굵직한 중국 견제 법률이 통과되었다.

인플레이션 감축법(IRA법)의 탄생

미국 바이든 대통령은 지난 8월 16일 인플레감축법(IRA법, Inflation Reduction Act)에 최종 서명함으로써 내년부터 이 법이 시행된다. 이 법은 기업과 세제개편을 통해 총 7,390억 달러의 세수를 확보, 이 예산을 투자하여 기후 변화 개선 및 보건 복지 개선을 꾀하여 재정적자 해소 및 친환경 경제로 전환하여 인플레이션을 감축하자는 것이 목적이다.

그들은 기후 변화 개선을 위해 2030년까지 온실가스를 40% 감축하는 것을 목적으로 하고 있다. 이의 달성을 위한 조치로 미국은 전기차의 보급을 장려키로 하고 전기차를 구매할 시 $7,500의 세액 공제 혜택(보조금 지급)을 준다는 조항을 입법화하였다. 단 조건이 북미(미국, 캐나다, 멕시코)에서 생산되는 차에 한한다. 여기서 현대기아 차는 보조금을 받을 자격이 없어진

Biden signs $739 billion Inflation Reduction Act into law

Biden holds up a silicon wafer while speaking at virtual summit
on the global chip shortage

다. 아직 이 지역에서 전기차는 한 대도 만들지 않기 때문에….

IRA법은 철저한 자국기업 우선주의의 법이다. 우방동맹국들의 사정은 전혀 감안하지 않고 있다. 더구나 전기차 업체마다 누계 20만 대까지만 보조금 혜택을 주게 되어 있는 규제를 풀어 대수에 관계없이 무제한 보조금 지급을 가능하게 변경했다. 이로 인해 20만 대 판매 한도에 묶여 있던 테슬라나 GM 등은 기사회생하게 되었다.

전기차 보조금지급법은 대통령이 서명한 이튿날부터 바로 시행되고 있다.

IRA법은 한국의 전기차 업계를 죽이는 법인가

금년 1분기 미국 내 전기차 판매에서 테슬라가 압도적인 1위이고 현대기아 차가 2위를 차지했었다. 현대의 아이오닉5나 기아의 EV6 전기차가 미국에서 큰 인기를 얻고 있는 중이다. 그러던 현대기아가 지금까지 받아 오던 $7,500의 보조금을 이제부턴 단 한 푼도 받지 못하고 테슬라나 GM, FORD 등과 싸워야 하니 너무나 불리한 게임이 되었다.

인플레감축법에는 전기차 보조금법뿐만 아니라 전기차 배터리에 관한 세금감면혜택 조항도 있다. 우리나라 전기차 배터리 3사의 명운이 걸린 법안이다. 간단하게 얘기하자면 중국에서 제조되거나 중국의 배터리는 미국으로의 수출이 금지된다. 그나마도 다행인 것은 중국의 막강한 배터리 메이커들 즉, CATL(세계의 33% 시장 점유)이나 BYD 같은 곳은 미국 시장에서 배제되었기에 한국 메이커들에겐 훨씬 유리하게 되었다. 문제는 사용된 부품과 원자재는 40% 이상 북미 지역이나 미국과 자유무역협정(FTA)을 맺은 국가의 것을 사용해야만 혜택을 받을 수 있다.

이 또한 우리에겐 여간 어려운 문제가 아니다. 우리나라는 90% 이상의 배터리용 원자재(리튬, 니켈, 코발트, 망간 등)를 중국으로부터 수입하여 배터리를 생산하고 있다. 내년 1월 1일부터 이 법이 적용되니까 시행되기 전에 하루 속히 원자재의 수입 다변화를 하지 않으면 배터리 또한 미국 시장에서 낙동강 오리알이 될 것이 뻔하다. 그러나 중국이 이런 원재료를 세계 시장에서 독식을 하고 있는 현 상황에서 쉽지가 않다. 설사 리튬이나 니켈 같은 원광석을 산지로부터 들여온다고 한들 당장 가공을 할 수 있는 공장이 턱없이 부족한 실정이다. 다행히도 포스코에서 아르헨티나의 리튬이 매장된 호수를 사들여 2024년부터는 국내에서 소비할 충분한 양의 리튬을 자체 생산한다고 하니 정말 다행한 일이다. 니켈과 코발트 역시 시급히 수입선 다변화를 해야만 한다.

이런 원자재 문제만 해결된다면 한국의 배터리 메이커들은 날개를 달고 경쟁할 수가 있을 것이다. 미국으로 전기차를 수출하여, 미국 정부의 보조금을 받으려는 구미의 전기차 메이커들은 중국의 배터리를 사용할 수 없으므로 값은 조금 비싸지만 세계 최고 품질, 최대의 배터리 생산국인 한국으로, 한국으로 몰려오고 있는 현실이다.

미국의 이런 조치에도 눈도 깜빡하지 않는 중국 전기차 및 배터리 업계

전기차와 배터리에 관한한 중국은 미국이 어떤 조치를 취하든 눈도 깜빡하지 않는다. 그들은 90%에 가까운 배터리 원자재 즉, 리튬, 니켈, 코발트, 망간의 원자재를 전 세계에서 수입, 가공하여 스스로 자급자족하며 한국을 비롯한 전 세계의 배터리 메이커들에게 원자재 공급을 하고 있다. CATL, BYD를 비롯한 중국의 배터리 제조 업체들은 어마어마한 중국 내수시장의 배터리 수요에 응하기도 벅찬 실정이다. 그들의 전기차 시장은 전 세계의 반을 차지하고 있기 때문이다. 작년 전 세계 전기차 판매 대수 660만 대 중 중국에서만 333만 대가 팔렸다. 중국은 이렇게 전기차와 배터리에 관한한 내수시장만으로도 충분히 유지될 수 있는 체계를 만들어 놓았다.

미국이 취하고 있는 이런 조치들은 중국을 견제하고 자국내의 인플레이션을 감소시키자는 조치라 한다. 그러나 지금까지 해 왔듯이 중국이 세계의 공장으로서 저렴한 물건을 만들어 세계에 공급해 오던 틀을 깨고 새로운 루트를 만든다는 건 오히려 가격만 높여 놓는 행위이다. 결국 인플레 감축법이 아니라 인플레 촉진법이 되지 않을지 염려스럽다. 다만 중국이 이러한 원자재를 무기화하고 정략적으로 활용하는 것은 막아야 하겠지만….

동맹국들에 대한 미국의 이기적인 행동들

작년 9월 미국 상무부는 삼성전자, SK하이닉스, 대만 TSMC, 인텔 등의 반도체 제조 업체들에게 최근 3년치 매출 현황과 원자재, 장비 구입 현황, 고객 정보, 재고 상황 등 기업의 1급 기밀에 속하는 데이터를 제출해 줄 것을 요구해 왔다. 명분은 반도체 공급망의 병목현상 해결이라고 한다. 삼성전자와 SK하이닉스는 곤경에 처할 수밖에 없었다. 그들의 요구대로 제출할 경우 고객사와의 비밀유지조약을 깰 뿐만 아니라 극비로 취급하는 수주 가격도 밝혀질 수도 있기 때문이다.

뿐만 아니라 반도체 생산기업의 재고 현황과 생산능력이 드러나면 반도체 가격에도 지대한 영향을 미친다. 가장 우려스러운 것은 미국 정부(상무부)의 요구대로 전부 제출했을 경우 이 자료가 미국 반도체 기업에 흘러가면 미국의 반도체 업체는 엄청나게 유리한 입장이 된다는 것이다. 우선 인텔과 마이크론이 가장 큰 수혜자가 될 것이다. 삼성과 하이닉스, 대만의 TSMC는 미국의 요구 조건을 일정 선까지는 들어준 바 있다. 왜냐하면 어차피 미국에겐 국방물자 생산법(DPA)이라는 강제할 수 있는 법을 갖고 있기 때문에 어쩔 수가 없었다.

바이든 행정부가 들어선 후 미국은 과거의 반도체 굴기를 다시 찾기 위해 전력투구하며 엄청난 지원금을 퍼붓고 있다. 이에 힘입어 일본, 한국, 대만에 밀려났던 인텔이 다시 옛 영광을 찾겠다고 나서고 있으며 정부는 이 회사에 끝없는 지원을 쏟아붓고 있다. 이러고 있을 즈음에 미국 상무부의 위에서와 같은 무리한 요구가 등장했다. 정말 우리로서는 이해하기 힘든 요구였다. 그리고 최근 또다시 IRA법이라는 게 확정되어 우리로서는 엄청난 회의론과 배신감에 빠져들었다.

무엇보다도 상승기류를 타고 있는 한국 전기자동차의 미국 판매에 대한 싹을 잘랐기 때문이다. 현대기아가 천만 원이 넘는 보조금을 못 받는 상태에서 어떻게 미국 시장에서 테슬라, GM 같은 미국 업체들과 경쟁을 할 수 있겠는가? 바이든이 한국에 왔을 때 현대그룹의 미국 투자를 그렇게도 반기며 "땡큐, 미스터 정."을 연발하며 "절대 실망시키지 않을 것."이라고 천명한 지 불과 석 달 만에 이렇게도 배려 없이 배신을 때리다니….

"미스터 정, 당신을 절대 실망시키지 않겠습니다"

2022년 5월 20일 바이든과 윤 대통령 삼성전자평택공장방문,
왼쪽에서 두 번째가 한국에 설립할 대만의 웨이퍼 공장을
미국으로 빼앗아 간 레이몬도 상무부 장관

미국은 국익을 위해선 동맹국도 희생시킨다

작년 4월 이후 두 차례나 삼성, TSMC 등 반도체 제조 업체들이 백악관에 불려가 반도체 공급의 원활화를 위해 미국에 반도체 공장을 지을 것을 권유당했을 때 미국의 목적이 무엇이었는지 지금 추론이 가능할 것 같다. 한국과 대만의 반도체 업체들을 미국으로 불러들여 5나노, 3나노와 같은 첨단 반도체를 미국

4차 산업과 중국/중국인

내에서 생산하게 함으로써 결국 이들 회사로부터 첨단 반도체 생산 기술을 전수받아 직접 생산하자는 목적과 나아가 한국, 대만의 지정학적 불안정에 대한 만약의 경우에 미리 대비하자는 것이 아니었을까?

금년 6월 세계 3위의 대만 웨이퍼 메이커인 '글로벌 웨이퍼스'가 한국에 웨이퍼 생산기지를 만들기 위해 7조 원을 투자하겠다고 밝혀서 한때 한국을 들뜨게 만들었다. 그리고 한국 내에 입지를 고르고 있던 사이에 미국 상무부의 '지나 러몬도' 장관이 직접 나서 이를 미국으로 가로채 간 사실이 뒤늦게 밝혀졌다. 이와 같이 미국은 첨단 산업의 이해득실이 걸린 싸움에서는 어떤 우방에게도, 동맹국에도 양보하지 않는 냉혹한 국가이다.

미국은 동맹국들이 반도체 같은 첨단제품을 중국으로 수출하는 것을 철저하게 체크하며 간섭하고 있다. (14나노 이하의 첨단 반도체는 중국에서 생산을 막고 있음) 중국에 첨단제품의 생산 시설 투자도 막고 있다. 그러면서도 자국의 기업이 중국 제품을 사용하는 것에 대해서는 미지근한 대응을 하고 있다. 중국은 전 세계 반도체의 60%를 소비하는 소비대국이다. 한국은 반도체 생산량의 40% 이상을 중국으로 수출하고 있다. 홍콩 수출분까지 합치면 60%에 가깝다. 20년 사이 13배나 늘었다. 대만 또한 그들이 생산하는 반도체의 74%를 중국으로 수출하고 있다.

이와 같이 중국은 한국이나 대만에 대해서는 반도체를 소비시켜 주는 가장 큰 시장이다. 만약 한국이나 대만이 미국이 요구하는 대로 중국으로 생산한 반도체를 내보내지 않는다면 소비시켜 줄 곳은 이 지구상에는 없다. 미국은 어쩌자고 달리 소비처도 없는 반도체를 무조건 중국 시장으로 못 보내게 막는 건지 모르겠다.

미국 정부의 의아스런 행동은 이뿐만이 아니다.

미국의 애플과 인텔이 지금까지는 삼성전자와 SK하이닉스의 낸드플래시를 써 왔으나 얼마 전 중국의 YMTC(양츠메모리)의 낸드플래시를 사용하기로 협약했다. 이로써 낸드플래시의 한국 기술에 한참 뒤떨어졌던 중국 반도체 업체에 날개를 달아주게 된 셈이다. 향후 미국 정부가 이에 어떤 조치를 취할지 한국으로서 주시하지 않을 수 없다.

미국이란 나라는 이익을 위해선, 그리고 선거에 이기기 위해선 동맹국쯤이야 얼마든지 희생시켜도, 약속을 뒤집어도 된다는 사고방식을 가진 국가란 것이 만천하에 드러났다.

누군가가 이런 말을 했다. "피는 물보다 진하고 돈은 동맹보다 진하다."고⋯⋯.

중국/중국인

8.

중국인들의 사고방식

2022. 12.

인간의 성격은 그가 살아온 주위 환경에 따라 형성된다고 한다.

사람은 그가 살아온 지역에 따라 성격과 사고방식, 심지어 얼굴형, 피부색까지 변한다. 한국과 중국이 아무리 가까운 나라라고 하지만 두 나라의 역사가 따로 있고 지질과 기후가 다르며 물이 다르다. 따라서 거기에서 살아온 국민들 또한 서로 다른 환경과 사고방식, 생활방식을 가지고 있다. 우선 동아시아 3국 국민들의 주거 형태만 봐도 판이하다. 우리는 온돌문화이지만 중국인은 침대를, 일본인은 다다미를 사용한다.

아시아의 어느 나라 국민보다 한국인은 경쟁의식이 강하다. 자랄 때부터 경쟁에서 이겨야 한다는 강박관념을 부모로부터 받으며 자란다.

한중일 3국의 어린이 교육의 재미있는 교육방법으로 일본은 "남에게 폐를 끼치지 말라."고 가르치는 반면 중국은 "아무도 믿지 말고 속지 말라."고 가르치고 있다. 이에 반해 한국은 "절대로 남한테 지지 말라."고 가르친다. 이렇게 교육받으며 자라온 아이들이 성인이 되었을 때 어떤 행동을 취할까.

중국인들의 경우를 살펴보자.

상업을 중시해 온 중국인

한국은 예로부터 상업을 제일 밑바닥으로 취급하는 사농공상 (士農工商)의 사상에 젖어 왔다. 예로부터 짐승 가죽을 다루는 직업을 천한 직업으로 취급, '갖바치'라 불렀듯이 장사하는 사람도 '장사아치'라고 불렀다. 그러나 중국은 옛날부터 장사를

천하게 여기지 않았다. 그들은 장사(교역)를 국가 부흥의 수단으로 삼고 상업을 많이 장려해 왔었다. 그래서 그들은 먼 옛날부터 장사하는 테크닉을 진작 터득하였다. 수천 년 전부터 해발 4천-5천 미터 절벽에 차마고도를 닦아 아라비아와 티베트를 왕복하며 차(茶)를 팔아 온 민족이다.

원난성에 있는 차마고도(茶馬古道)

4차 산업과 중국/중국인

　한, 중 양국의 국민성은 상담을 할 때 확연히 드러난다. 중국은 상담할 때 절대 서두르지 않고 참을성이 있다. 좀처럼 자기들의 목표하는 바, 속마음을 드러내지 않는다. 한국인은 성격이 불같이 급해 조금만 상담하다 보면 답답한 마음에 자기의 속내를 드러내게 되어 언제나 손해를 보게 된다. 모든 걸 빨리빨리 처리하려고 하기 때문이다.

중국과의 첫 인연

본인이 중국과 인연을 맺은 건 1993년 말쯤이다. 한국과 중국이 수교한 지 2년이 채 되지 않았던 때라서 한국에서 중국으로 들어갈 수 있는 교통편이 별로 많지 않았을 때였다. 그러나 수교 2년 전부터 인천에서 중국 웨이하이(威海, 산동성)까지 페리가 운항을 하고 있었다. 당시 봉제 의류를 수출하고 있던 본인은 수출채산성을 맞추기 위해 보다 싼 생산코스트를 노리고 중국으로 진출했던 때였다. 항상 이 페리를 이용하여 인천에서 웨이하이와 옌타이(烟台)를 왕복하였다.

수교되기 전부터 왕래했던 페리인지라 수교 전엔 입국비자를 선상에서 발급받기도 했다고 한다.

처음으로 접해 보는 중국, 처음 와 보는 곳이었지만 보면 볼수록 어디선가 많이 본 기억이 새로운 곳이었다. 내가 어렸을 적의 1950년대 말의 한국 시골 풍경과 너무나 닮아 있었다. 그래서인가 외국이라는 경계심은 사라지고 자신감 같은 게 생겼다. '이런 환경에서 사는 사람들이라면 순수하겠구나. 속이지는 않겠구나.' 하고 쉽게 안심을 하게 되었다.

거래관계의 사람들이 나의 투숙호텔로 모였다. 거래할 공장 측에서 저녁을 사겠다고 해서 따라 나갔다. 운동장보다 큰 식당에 들어가자 먼저 온 사람 4-5명이 자리를 잡고 있었다. 소개를 받고 보니 향후 비즈니스에 관계할 회사의 직원들이었다. 그리고 특별히 소개하는 한 사람은 시청의 간부로서 앞으로 우리들의 성의(生意, 비즈니스)에 많은 도움을 줄 거라고 한다. 결국 일행 8명이 상다리가 부러지도록 음식을 주문했다. 물론 계산은 그들이 하고…. 중국인들은 체면을 워낙 중시하고 자기과시를 좋아하다 보니 이런 자리엔 으레 권력자나 영향력 있는 사람을 초대한다고 한다.

처음 먹어 보는 산해진미는 맘껏 먹었으나 문제는 술이었다. 당시 몸이 부실하여 술을 전혀 마시지 않아 왔으나 그들의 권배술(勸杯術)에는 빠져나갈 수가 없었다. 중국에선 술을 강제로 권하지는 않는다. 그러나 그들은 기묘하게 상대가 술을 마시지 않을 수 없게 만든다. "우리들의 건강을 위하여 건배." "앞으로 두 회사의 비즈니스를 위하여 건배." "세계 평화를 위하여 건배." … 이러다 보면 아무리 술이 센 사람이라도 건배주 몇 잔에 나가떨어지게 마련이다. 더구나 도수 50도가 넘는 빼갈만 마셔대니….

조급하고 섣부른 중국 진출

이튿날 이른 아침 술에서 깨어나기도 전에 호텔 벨 소리에 잠을 깨고 억지로 그들의 공장으로 끌려가다시피 따라간다. 공장 정문에는 큰 현수막이 걸려 있다. "선진한국을 배우자!" 그리고 그 밑에는 "欢迎! ○○通商 韩董事"라고 쓰여 있다.

아침은 먹었느냐고 묻는 말에 고개를 저으면 우선 그들의 구내식당으로 데려가 떠우쟝(豆将, 콩국)과 여우탸올(油条, 꽈배기 빵)을 준비해 준다.

최근 설립된 공장인지라 깨끗하고 잘 정돈되어 있었다. 그러나 장비(미싱)와 인력만 잔뜩 채워 놓았지 작업하는 모습이 어딘가 서툴다. 숙련공은 없고 모두가 초보자 같았다. 사장이 공장 안내를 하다가 실밥을 따고 있는 한 여자 직원을 가리키며 "이 샤오지에(小姐, 아가씨)는 의사자격증을 가진 사람인데 병원에 의사 자리가 나지 않아 시정부에서 우리 회사로 배속시켜 현재 일하고 있다."고 설명했다. 듣는 순간, '아, 중국은 공산주의국가임에 틀림없구나.'라고 느낄 수 있었다.

참고로 샤오지에라는 말은 아가씨, 미쓰라는 뜻이다. 그러나 중국이 발전함에 따라 말도 많이 바뀌었다. 이 말 또한 요즘은

'술집 아가씨' '밤의 여자'로 변형되어 잘못 썼다간 상대 아가씨로부터 뺨 맞을 가능성이 있다.

어쨌건 이 공장과의 인연으로 3년 정도 중국에서 제품을 생산, 수출하였다. 그러나 결론적으로 대실패였다. 수출하는 것마다 품질 클레임이 걸려왔다.

절대 잘못했다고 사과하지 않는 중국인

하청생산을 맡길 때는 작업 시작하기 전 먼저 샘플을 3장 만들게 한다. 한 장은 바이어에게 보내고 공장에서 작업 참고용으로 한 장 보관, 그리고 수출 회사에서 한 장을 보관한다. 바이어로부터의 컨펌이 떨어지면 이 샘플에 근거해서 작업을 하게 된다. 그러나 문제는 이제부터 시작이다. 한번은 일본에 수출할 여성용 블라우스를 생산하는 데 20일 정도 걸릴 물량이었다. 열흘 후에 중간 검사하러 오기로 하고 작업 투입하는 걸 보면서 주의사항을 두 번 세 번 일러 주고 귀국하였다.

약속한 중간 검사하는 날 회사의 검사원과 같이 공장을 방문

하여 제품을 보는 순간 '이거 큰일 났구나.' 싶었다. 짙은 색(검정과 브라운) 블라우스에서 이색(異色, color difference)현상이 심각한 정도였다. 즉, 몸판 색깔과 소매의 색깔이 눈에 띄게 다른 색으로 보인다는 얘기다. 동시에 염색한 같은 롯트의 원단이어도 앞쪽과 뒤쪽이 색깔 차가 날 경우가 있다. 그래서 재단할 때 반드시 조각조각 넘버링을 해서 같은 번호끼리 합봉작업을 해야 이색현상을 피할 수 있는데 재단 후 전혀 넘버링을 하지 않고 순서를 무시하고 되는 대로 붙였기 때문이었다.

사장과 생산 책임자를 불러서 따지고 추궁했다. 하지만 사장은 그저 태연자약할 뿐이다.

왈 "이게 뭐가 문제가 되느냐? 입는 데는 아무 지장이 없잖느냐. 차뿌뚜어, 메이꽌시(差不多, 没关系: 별 차이 없어, 상관없어)."라고만 연발하고 있다. 기가 찰 노릇이다. 이색이 심한 블라우스를 집어 사장 눈앞에 갖다 대면서 이래도 문제가 없느냐고 다그쳤지만 "그렇게 까다로우면 이 작업 못 하겠으니 싸 가져가라."고 배짱을 내민다. 그러면서 하는 말이 "우리 중국에서는 이펀치엔, 이펀휘, 一分钱, 一分货란 말이 있다.(1전짜리는 1전 값어치의 물건이라는 뜻) 그러기에 우리 공임이 싼 거다."라면서 잘못되었으니 수정하겠다는 말은 절대 하지 않는다. 체면을 목숨처럼 여기는 중국인인지라 사장의 체면을 직원들 앞에서 너무 깎아내리는 것이 좋지않겠다 싶어서 이 정도로 끝냈다.

중국인은 '잘못했다'는 사과의 말은 절대 하지 않는다. 본인이 잘못했으면 '잘못했다. 미안하다'며 사과하고 다시 전진하는 한국인이나 일본인과는 너무나 다르다. 자기가 잘못했어도 '잘못했다'고 사과하는 걸 죽기보다 싫어하는 민족이다. 항상 변명하거나 우기며 항변한다. 고로 중국인한테서 '잘못했다'고 사과를 받는 건 아예 포기하는 게 낫다.

자업자득

결국 작업 완료된 제품 중 이색이 심한 제품은 불량으로 빼고 나니 불량율이 40%가 넘었으나 어쩔 수가 없었다. 그리고 같이 간 직원과 둘이서 밤을 새우며 색깔을 비교해 가며 재단물의 넘버링작업을 끝냈다.

이러한 힘든 작업을 몇 번 거치고 나니 중국에 섣불리 진출한 본인이 한없이 미워졌다.

결국 3년 남짓 후 중국에서의 하청생산작업을 그만두게 되었다. 데미지가 눈 쌓이듯 쌓여 갔다. 그러다가 1997년 IMF사태라는 엄청난 파도가 우리나라에도 본인에게도 몰려왔다.

일찍이 중국으로 진출했던 대기업, 중소기업은 물론 개인까지도 중국에 잘못 진출했다가 최근 쪽박만 차고 알몸으로 돌아온 기업들이 많다.

모두가 "중국에 당했다. 중국인에게 속았다."고 난리다. 그리고선 "중국엔 절대 투자하면 안 된다."고 떠들고 있다. 우선 일본 소프트뱅크의 손정의 회장부터가 '중국 투자 위험론'의 선두주자가 되었다. 알리바바에 투자하여 큰 이익을 봤다가 중국 정부의 알리바바 때리기로 큰 손해를 봤기 때문이다. 그러나 중국의 당사자들은 "우리는 그들을 속인 적 없으며 단지 그들이 중국을 너무 모르고 진출했기 때문."이라고 한다. 어쩌면 그들의 말이 맞을지도 모른다. 우선 본인만 해도 그랬으니까.

그 당시의 그들의 실력을 너무 몰랐고 제대로 조사해 본 바도 없이 생산비가(공임) 싸니까 무조건 들어갔던 게 잘못이었다. 그들의 기술수준을 정확히 파악했어야 했다.

돈만 있으면 귀신도 부릴 수 있다는 중국인(有錢能使鬼推磨)

이 세상 어느 민족도 중국인만큼 돈에 대한 집착이 강한 민족이 없을 것이다. 돈 앞에서는 체면이고 뭐고 따지지 않는다. 새해인사를 봐도 그들은 특이하다. 한국은 "새해 복 많이 받으시고 건강하세요." 정도가 대부분이며 일본 역시 "새해 축하합니다(明けましておめでとうございます)." 정도로 끝나지만 중국인들은 신년인사도 돈 얘기다. 꽁시파차이(恭喜发财)라고 돈 많이 벌란다. 그들은 돈만 있으면 귀신도 부려 먹을 수 있다고 생각한다(有钱能使鬼推磨). 그들의 정신적 지주인 공자도, 맹자도 사람과 돈의 불가분의 관계를 인정한 바가 있다

그런데도 한국은 왜 유학을 도입할 때 공자가 마치 돈을 무시하는 성인으로만 묘사했을까.

중국인은 가정에 조상신 아니면 재물신을 모셔 놓고 매일 돈을 벌게 해 달라고 빈다. 그들이 모시는 재물의 신은 아주 다양하다. 모택동의 초상화부터 시작해 피슈라는 가상의 동물(항문이 없어서 먹은 걸 절대로 밖으로 내보내지 않는다는 상상의 동물), 심지어 배추까지도 재물신으로 집에 모셔 둔다. 왜냐하면 배추(白菜)와 재물(百财)은 발음이 같기 때문이다. (바이차이로

발음) 중국 기념품 가게에 가면 玉으로 조각한 배추 조각품을 흔히 볼 수 있다. 그리고 중국인 누구나가 좋아한다는 관우(관운장)까지도 재물신의 대상이 된다.

춘절(설)이 되면 대문에 복(福) 자를 거꾸로 걸어 놓고 복 들어오기를 갈망한다. 이는 '거꾸로'라는 중국어가 倒라고 쓰고 '따오'라고 읽으며 '도착하다, 오다'라는 말도 到라고 쓰고 '따오'라고 읽기 때문이다.

이를 두고 어떤 중국의 사회학자는 한탄한다. "오늘날의 중국은 아이칭(애정, 愛情)은 사라지고 치엔칭(錢情, 돈에 대한 정)만 난무하는 사회."라고.

4차 산업과 중국/중국인

돈이나 행운으로 연결 짓는 중국인들의 생활관습

중국인은 돈 또는 행운으로 연결된다는 미신을 너무나 많이 믿고 있다.

그들은 숫자 중 8을 너무 좋아하며 가지고 싶어 한다. 단지 빠(8)라는 발음이 재물을 뜻하는 파차이(發財)와 비슷하기 때문이다. 8자로 도배한 차량번호나 휴대폰번호는 입찰에서 몇억 원에 낙찰되고 있다.

축의금이나 부조금을 줄 때엔 언제나 홍빠오(紅包, 붉은 봉투)에 넣어 준다. 우리처럼 흰 봉투에 넣어 주면 큰 실례가 된다. 그만큼 그들은 붉은색에서 길함과 행운을 느낀다. 그리고 사랑하는 연인에겐 절대 신발과 우산은 선물하지 않는다. 우산의 산(傘) 자가 헤어지다는 산(散) 자와 발음이 같기 때문이다.

괘종시계 역시 선물은 금물이다. 종(鍾) 자의 발음이 끝낼 종(終) 자와 같기 때문이다.

중국인은 녹색 모자를 쓰지 않는다. 언제부턴가 녹색 모자를 쓰면 아내가 바람이 났다는 징표가 되었기 때문이다. 과거 중국 관광이 개방되고 얼마 되지 않았을 때 한국 농촌에서 할아버지, 할머니들이 중국 관광을 많이 갔었다. 많은 할아버지들이 새마을운동 때 쓰던 그 녹색 모자를 쓰고 중국 관광에 나선 때가 있었다. 길거리의 많은 중국인들이 뜻 모를(?) 웃음을 지었다고 한다.

중국인들은 돈(이익)이 걸려 있는 일이라면 아무리 사소한 일이라도 목숨을 걸듯 한다. 한국엔 "배고픈 건 참아도 배 아픈 건 못 참는다."라는 속담이 있지만 중국엔 "불의는 참아도 불이익은 못 참는다."라는 속담이 있다. 그만큼 이익만을 추구해 온 민족이다. 세계 어느 오지라도 이익이 있는 곳에는 중국인이 제일 먼저 도착한다. 일본엔 "내년을 생각하면 돈을 남기고 10년 후를 생각하면 땅을 남기고 100년 후를 생각한다면 사람을 남겨라."
는 옛말이 있다. 그러나 중국인은 내년에도 돈을 남기고 10년 후
도 돈을, 100년 후에도 역시 돈을 남겨야 한다고 믿고 있다.

그들은 도저히 돈이 안 될 쓰레기 같은 것도 상품화해 돈을 벌
고 있는 것을 보면 역시 돈에 대한 천재들이다. 부모형제를 빼
놓고는 모두가 속일 수 있는 대상이며 속임을 받을 대상이라고
생각한다. 그러므로 남을 의심하는 관습이 생기고 때에 따라서
는 남을 속이는 데 전혀 가책을 느끼지 않는다.

자랄 때부터 부모로부터 배우는
'남을 믿으면 안 된다'는 사고

본인도 3년여 동안 중국을 드나들며 현지인에게 황당하게 당
한(속은?) 경험을 가지고 있다.

중국에 하청 작업을 시작한 지 얼마 되지 않았을 때 현지의 거
래처 및 지인들과 식사를 하면서 술을 못 하는 본인 입장을 변명
할 겸해서 만성간염을 앓고 있다고 이실직고를 했다. 그랬더니
그중 한 중국인이 웅담(熊膽)얘기를 꺼내면서 자기의 작은아버

지가 시골에서 곰을 사육하고 있는데 원하면 사 주겠다고 한다.

간질환엔 웅담이 좋다는 건 익히 알고 있었던지라 선뜻 사 달라고 부탁하며 즉석에서 선금을 지불하였다.

그후 약속 일이 되어도 그는 나타나지 않는다. 이틀을 출항일을 연기하며 기다려도 소식은 없고 주위의 모두가 연락이 안된다고 한다. 할 수 없이 웅담 씹은 얼굴로 귀국하고 말았으며 그 후에도 그는 찾을 수가 없었다. 적지 않은(?) 대금을 지불할 때 주위 사람들의 걱정하며 안쓰러워하던 눈초리를 진작 파악하지 못했던 게 나의 실수였다.

한참 후 이 사건을 처음부터 지켜봤던 중국 친구와 많이 가까워진 후 술을 마시며 물어봤다. "전번에 내가 당한 게 내가 외국인이었기에 당한 거냐? 중국인 너희들 사이에는 이런 사기는 치지 않느냐?"고 물어봤더니 그의 말이 너무나 뜻밖이었다. "우리 중국인들 사이에서도 이런 사기 사건이 가끔 일어난다. 그러나 중국인들은 자라면서부터 남에게 속지 않으려고 무척이나 교육을 받고 우선 어떤 경우에도 남을 믿지 않으려고 항상 거리를 두고 산다. 만약 한 사장이 중국인으로서 그렇게 당했다면 사기친 자를 원망하기 전에 자신의 어리석은 행동을 탓해야 한다." 그러면서 "How stupid you are!(네가 너무 어리석다)"라고 한다.

그러면서 "한국엔 아이가 자랄 때 부모들이 뭘 가르치느냐? 우리는 자랄 때 부모로부터 '남은 절대 믿어선 안 된다. 상대를 만날 땐 항상 속지 않기 위해 상대를 경계해야 된다.'고 귀가 아플 정도로 교육을 받으며 자랐는데 한국의 부모들은 그런 것도 가르치지 않느냐?"라고 반문을 한다.

그리고선 중국인들이 어릴 때 누구나 배운다는《증광현문(增光賢文)》이란 책을 소개한다. 《증광현문》은 세상을 현명하게 살아가는 방법을 가르쳐 주는 중국의 처세술을 가르치는 책이다. 이 책의 내용을 들여다보면 과거 중국의 성인군자들이 가르친 좋은 말들을 많이 수록해 놓았다. 그리고 보다 현실적이고 현명하게 사는 방법도 많이 수록되어 있다. 그 내용인즉,

"산에는 곧은 나무가 있지만 세상엔 곧은 사람이 없다(山中有直树, 世上无直人)."

"세상에 신뢰할 수 있는 사람은 없다. 언제든지 나를 속일 수 있으니 항상 그때를 대비하라(莫信直中直, 須防仁不仁)."

"불가피하게 어떤 사람을 믿더라도 그 사람이 속일 때를 대비해서 대응방안을 반드시 마련해야 한다."라고 가르치고 있다. 즉, 절대 사람을 믿지 말며 속아 넘어가지 않게 단단히 준비를

해야 된다는 내용이다.

사람이 너무 착하면 손해 본다는 뜻으로 "말이 온순하면 사람이 올라타고 사람이 착하면 사람에게 속는다(馬善被人騎, 人善被人欺)."라고도 경고한다.

사람의 속은 오래 겪어 봐야 알 수 있다는 뜻으로 "먼 길을 가 봐야 말의 능력을 알고 오래도록 함께해야 사람의 마음을 알 수 있다(路遙知马力, 事久見人心)."라고 가르친다.

또한 이 책에선 자기와 이해관계가 없는 사람이나 일에 대해 관심을 가졌다가 낭패를 보는 일이 허다 하니 무관심하고 조심하라는 뜻으로 아래와 같이 가르치고 있다.

"좋은 마음으로 다른 사람을 도와주어도 오히려 그와 원수가 될 수가 있다(不以我爲的, 反以我爲仇). 다른 사람이 꽃을 감상해도 너의 눈과는 관련이 없고(他人觀花不涉你目), 다른 사람이 바쁘게 다녀도 너의 발과는 관련이 없다(他人碌碌不涉你足)." 심지어 "보아도 못 본 척하고(見事莫說) 물어보면 모른다고 하고(問是不知) 절대로 남에게 관여치 말고(閑事莫管) 일이 없으면 어서 귀가해라(無事早歸)."고도 가르친다.

그들의 사고방식을 이해하지 못해서 비록 속기는 했으나 이렇게까지 남을 의심하고 경계하면서까지 생활해야 하는 중국인들이 한편으로는 측은하게 느껴졌다.

國學經典 '增廣賢文' 原本(국학경전《증광현문》원본)

중국인의 사고, 행동을 해부하다

중국인들의 사고하고 행동하는 모습을 자세히 들여다보면 다음과 같은 특징들이 나타난다.

1) 수천년 내려온 문화민족이라는 강한 자부심을 가지며 체면(面子, 미엔쯔)을 중시

그들은 오랫동안 중국이 세계의 중심이라는 중화사상을 가지고 있어 자존심이 매우 강할 뿐만 아니라 체면과 명분을 가장 중요시한다. 고로 그들과 사귈 때는 그들의 체면이 깎이지 않도록 처신해야 한다.

예를 들어 그들로부터 초대를 받았을 때는 만사를 제치고 꼭 참석을 해 줘야만 그들의 체면이 설 수 있다.

중국인에게 길을 물을 땐 조심해야 한다. 그들은 체면 때문에 "모른다"는 말을 잘하지 않는다. 잘 모르지만 어슬프게라도 가르쳐 주어야만 체면이 선다고 믿는다. 그들이 알려 주는 대로 갔다가는 낭패를 보는 경우가 허다하다.

2) 관계를 가졌느냐가 중요[꽌시(关系)와 메이꽌시(没关系)]

중국인들은 혈연, 지연, 학연 등으로 연결되는 관계를 매우 중요시한다. 이같이 서로 연결된 동일 집단 내에서는 신뢰관계가 맺어지지만 집단 외부인에 대해서는 의심하며 매우 배타적이다.

3) 어떠한 상황하에서도 자기표현을 할 때
차뿌뚜어(差不多)란 말을 가장 많이 한다

중국인들의 애매모호한 성격을 잘 표현하는 단어라 하겠다.

좋지도 않고 나쁘지도 않다고 표현하는 뜻으로서 그들의 속마음을 잘 가려 주는 단어라 하겠다. 그만큼 그들의 속마음을 알기가 어렵다.

중국엔 〈差不多 선생〉이라는 문학작품이 나올 정도로 이 말을 많이 쓰고 있다. 내용은 모든 중국인이 제일 많이 쓰는 차뿌뚜어라는 애매하고 흐리멍텅한 이 말 때문에 중국이 게으름뱅이 나라로 전락했다는 얘기다.

4) 느릿느릿하다는 뜻의 만만디(慢慢的)의 국민이다

어떤 상황에서도 그들은 느긋하게 기다릴 줄 알고 인내할 줄 안다. 비즈니스를 함에 있어서 인내는 신용과 함께 그들의 가장 중요한 덕목이라고 생각한다. 한국인의 성격은 '빨리빨리'로 표현되나 중국인의 성격은 만만디로 표현된다.

중국인들이 대화하는 것을 보면 느릴 '만(慢)' 자를 많이 쓰는 것을 알 수 있다. 헤어질 때 상대에게 하는 인사가 만저우(慢走)라며 천천히 가란다. 식당에서도 요리를 내놓으며 천천히 드시라며 '만만츠(慢慢吃)'라고 한다.

중국인들은 예로부터 엄청 넓은 땅에서 살아왔다. 이런 넓은 곳에서 살아온 그들은 구태여 서두른다고 무엇이 크게 변하지 않는다고 생각한다. 옆 동네를 걸어가는 데 이틀이 걸리는데 한두 시간 빨리 가려고 구태여 서두르지 않는다. 이를 두고 그들은 차부뚜어(差不多)라고 한다.

그래서 그들은 서두는 대신 인내하고 참고 기다리면 좋은 결과가 온다고 믿고 있다. 아무리 먼 길이라도 그들은 서두르지 않고 느릿하게 걸어서 아무리 많은 시간이 걸리더라도 끝까지 포기하지만 않으면 목적지까지 갈 수 있다는 신념을 가지고 산다.

중국에는 마부작침(磨釜作針)이란 옛말이 있다. 도끼를 갈아서 바늘을 만든다는 뜻이다. 포기하지 않고 도끼를 갈다 보면 언젠가는 바늘이 된다는 신념을 그들은 가지고 살아왔다. 중국인들의 뇌리에는 '느린 것이 두려운 게 아니라 멈추는 것이 두렵다'는 사고가 들어 있다.(不怕慢, 只怕站)

구미(歐美)에는 "일찍 일어나는 새가 벌레를 잡아먹는다(The early bird catches the worm)."라는 속담이 있지만 역으로 중국엔 다음과 같은 속담도 있다는 걸 깊이 새겨야 한다.("빨리 나간 새가 총 맞는다(早出早中弹)"는 속담)

그러나 이렇게 포기하지 않고 인내하며 해 나가다 보면 뭐든

지 이룰 수 있다고 믿는 그들에게도 다음의 3가지는 평생 이룰
수 없다는 것을 잘 알고 있다. 이를 3대 不可以라고 한다.

첫째 아무리 서둘러 평생을 다녀도 중국의 곳곳을 다 못 가 보
고 죽는다는 것, 둘째로 평생 동안 먹어도 그 많은 중국 요리를
다 맛보지 못하고 죽는다는 것, 마지막으로 그들은 평생을 열심
히 공부해도 한자를 전부 외우지 못하고 죽는다는 것이다.

5) 셈에 밝으며 장사(이익)에 탁월한 재능

체면을 무엇보다 중요시하는 그들이지만 돈(이익) 앞에서는
체면이고 뭐고 따지지 않는다. 세계 각지에 퍼져 있는 중국인
들은 장사의 천재로 통한다. 그들은 언제부터 장사술을 배웠을
까. 기원전 상(商)나라 시절[은(殷)나라라고도 함] 주(周)나라
에 멸망한 상나라의 국민들은 먹고살기 위해 장사를 시작했다.
오늘날 장사하는 사람을 상인(商人)이라고 부르는 어원이 여
기서부터 유래된다. 그러므로 중국인들은 기원전부터 장사를
업으로 삼은 사람들이므로 장사에는 탁월한 재능을 가진 민족
이다.

중국인과 협상을 하다 보면 이 사람들이 사기꾼이 아닌가 싶
을 정도로 과장과 거짓이 심하다. 이에 비해 한국인은 너무 순

진하다고 할까. 그래서 그들은 한국인이 상대하기가 쉽다고 생각한다. 한국인은 상담 시에 급한 마음에 서둘러 모든 것을 솔직하게 털어놓기 때문이다. 반대로 중국인은 협상을 자기들 의도대로 성공하기 위해선 협상 상대를 속이는 것은 그들의 잣대로서는 아무런 문제가 되지 않는다고 생각한다.

6) 상대를 의심하며 불신하는 관습

어릴 때부터 부모로부터 '남을 믿지 말고 속지도 말라'고 가르침을 받아 온 그들은 상대를 의심하고 믿지 않는 생활습관을 어려서부터 몸에 지니고 산다.

7) 정확성이 떨어지며 시간관념이 희박

그들이 항상 쓰는 말, '차뿌뚜어(差不多)'를 보면 알 수 있듯이 모든 면에서 정확하게 말하지 않고 애매하고 두루뭉실하게 말하는 버릇이 있다. 어떤 사물에 대해 정확하게 표현하지 않고 은유법을 써 가며 빙 돌려서 말하는 것을 그들은 선호한다. 직설적으로 표현하는 것을 그들은 낮춰 본다.

8) 탁월한 기량의 소지자도 단체조직에 들어가면 평준화된다

개인의 기량은 월등히 높으나 조직이나 단체에 들어가면 기량이 돋보이지 않는다.

스포츠의 예로 보자면 탁구나 수영 같은 개인종목에서는 탁월한 기량을 발휘하는 세계적인 선수가 많으나 어쩐지 단체종목에서는 저조한 실력을 낼 뿐이다. 우선 축구만 봐도 그렇다. 축구 굴기를 내세우며 거국적으로 그렇게 장시간 투자를 하고 정열을 쏟아붓는 데 비해 실력은 너무나 저조하다. 어떤 학자는 이런 현상을 두고 공산주의가 가지는 부(負)의 산물이라고도 한다.

그러나 무시 못 할 중국

그러나 누가 뭐라 해도 중국은 매력적인 시장이다. 인구가 14억이 넘는 어마어마한 시장이다. 설사 중국 시장에 진출하는 데 위험과 장해가 있다 하더라도 모두가 이 거대한 시장개척에 도전하고 싶은 마음이 생길 것이다. 역사적으로 한때 중국은 구미 열강들에게 온갖 수모를 당한 적이 있지만 그들은 2백여 년 전까지만 해도 세계 최고의 선진국이었을 뿐만 아니라 세계 역사상 4대 발명품(종이, 화약, 나침반, 인쇄술)을 세계 최초로 발명했던 주인공들이다.

그리고 그들은 다시 일어섰다. 60여 년을 어둠 속에서 남모르게 길러 온 실력을(도광양회) 이젠 거리낌 없이 내보이고 있다. 일본뿐만 아니라 한국에도 뒤졌던 그들이 이젠 세계의 G2가 되었다. 지금은 너무도 달라졌다. 어느 나라보다 빠르게 4차산업 혁명을 일으키고 있다. 즉, 바이오라든가 AI, 사물 인터넷, 5G, 전기차, 드론과 같은 신기술에서 최첨단을 달리고 있다. 화웨이의 5G 통신기술은 압도적인 세계 1위이다. 드론 사업 또한 세계 시장의 80%의 쉐어를 장악하고 있다.

중국의 IT 기술은 생활의 모든 분야에 접목되어 있다. 전국에 깔려 있는 CCTV가 4억 대가 넘는다 한다.

그래서 그들은 코로나 환자가 발생했을 때 한국처럼 환자의 방문 경로를 일일이 묻지 않는다. CCTV만 확인하면 그가 방문한 곳을 다 볼 수 있기 때문이다.

지금과 같은 추세라면 2030년쯤엔 중국이 미국의 GDP를 넘을 것이란 전망이다. (2021년 미국이 22.9조 불인 데 반해 중국은 16.8조 불. 73%까지 접근함) 머지않은 미래에 미국을 제치고 세계 패권을 쥐는 G1이 되는 꿈에 젖어 있다. 이것이 그들이 말하는 중국몽(夢)이다. 지금 중국인들의 기대는 대단하다. 시진핑 주석은 중국인민들에게 중국몽의 꿈을 심어 주고 있으며 이 꿈을 실현시키기 위해 그는 미국과 처절히 싸우고 있다.

그러나 미국은 자기들을 누르고 세계패권을 쥐려는 자를 그냥 두지 않는다. 처절하게 때려 부순다. 1980년대 자기들을 앞서려는 일본을 때려 부순 게 좋은 예다. 그러나 중국은 만만치가 않다. 미국이 때려 부수기엔 너무나 커졌다. 너무 늦은 감이 있다. 향후 몇 년간 미, 중 간의 처절한 패권다툼이 일어날 전망이다.

과연 중국이 세계를 리드하는 패권국이 될 수 있을까

그런데 중국은 과연 지금의 미국같이 세계를 장악, 리드할 수 있는 패권 국가로서의 확고한 입지를 가질 수 있을까. 여기에 많은 학자나 중국 연구가들은 반신반의하고 있다. 세계의 패권을 쥘 수 없다고 주장하는 전문가들의 논리를 소개해 보겠다.

첫째로 중국은 인류의 행복과 세계의 평화에 기여함이 너무 희박하여 패권국이 될 자격을 전혀 갖추고 있지를 않다.

그리고 그들 정부가 가지고 있는 체제의 경직성, 그들만의 역사관(역사결의), 사회에 대한 언론통제(만리방화벽설치), 인권탄압(신장 위구르, 티벳), 황제와 같은 리더십 등으로 후진성을 벗어나지 못하고 있다.

둘째 중국은 미국이나 유럽 선진국처럼 스마트폰 개발이라든가 전화기, 컴퓨터와 같은 이 세상에 없었던 획기적인 문명의 이기를 개발하여 세계굴지의 기업이 된 곳은 한 군데도 없다. 획기적인 발명품이라든가 혁신적인 시스템, 서비스는 세상에 내놓지 못하고 오로지 미국이나 기타 선진국에서 개발한 신제품 또는 서비스를 거대한 자기네 시장에 도입하여 거대한 기업군이 생겨났을 뿐이다. 인터넷상거래 업체인 알리바바나 게임 및 SNS 업체인 텐센트, 동영상 소셜 네트워크 서비스인 Tik Tok 이라거나, 인터넷 배차 업체인 띠띠츄싱, 음식배달업체인 메이퇀디엔핑 등이 이미 선진국에서 개발한 첨단 기술 또는 서비스를 국내에 도입, 운영함으로써 거대 기업이 된 업체들이다.

셋째로 포용력의 부족이다. 세계의 모든 국가를 감싸 주고 도와주는 포용력이 미국에 비해 너무 떨어진다는 점이다. 미국은 2차대전 후 전쟁에서 많은 상처를 입은 유럽 국가들을 도와주어 유럽 제국이 다시 일어설 수 있었다. 반대로 중국은 힘없는 이웃 국가들에게 대하는 태도에서 호감을 얻지 못한다. 그들의 국경과 접한 나라들을 봐도 그렇다. 중국은 14개국과 국경을 맞대고 있으면서 대부분의 나라들과 한결같이 사이가 나쁘다.

2030년쯤엔 중국의 GDP가 미국을 추월하리라는 것은 짐작할 수 있다. 설사 중국이 G1의 국가가 되었다고 해서 미국을 제치고 패권 국가가 될 수 있느냐 하는 것은 또 다른 문제다.

과연 향후 세계의 판도가 어떻게 변할지 두고 볼 일이다.

9.

벗겨 본 중국 사회의 실상

2022. 12.

앞에서 보듯이 중국은 개혁, 개방 이후 경이로운 산업 발전을 거듭해 왔다. 더구나 4차산업의 발전에 관한한 전 세계의 부러움을 사고 있다. 하지만 산이 높았기에 골이 깊어졌는가. 그들의 급속한 발전 뒤엔 어둡고 깊은 골짜기가 너무나 많다. 이제 그들 사회에서 생겨난 어두운 그림자들을 살펴보자.

심각한 소득 격차

1978년부터 등샤오핑의 개혁, 개방 정책이 실시된 이후 1985년에는 '선부론(先富論)' 즉, 모든 인민들이 못사는 현실을 타개

등소평과 미국 지미 카터 대통령

하기 위해 능력 있는 자는 먼저 부자가 되어 뒤처진 자들을 이끌어 주어야 한다는 개혁 정책을 등샤오핑은 주창하였다. 그러면서 그는 유명한 흑묘백묘론을 내세우게 된다. 30여 년간 펼쳐 온 이 정책으로 중국의 경제 상황은 많이 좋아졌다. 우선 10억이 넘는 인민들의 먹고사는 문제를 해결하였다. 이 한 가지만 가지고도 등샤오핑은 중국 역사상 충분히 우러러 받들 만한 자격을 가진 인물이다. 그러나 이 정책으로 인한 부작용 또한 엄청나게 크다. 우선 도·농 간 또는 도시의 상위 소득층과 하위 소득층 간의 엄청난 소득 격차는 또 다른 중국 사회에 큰 문제점을 태생시켰다. 최근 중국 정부가 발표한 통계를 살펴보면 도시 지역의 평균 주민 소득이 47,412위안($6,773)인 데 반해 농촌 지역 주민의 평균소득은 18,931위안($2,700)으로서 도·농 간 2.5배나 격차가 난다. 이보다 더 심각한 것은 같은 도시 내에서의 소득 격차다. 도시의 하위 20% 주민의 평균소득이 15,597위안($2,228)인 데 반해 도시의 상위 20% 주민의 평균소득은 96,000위안($13,700)을 넘어서고 있다. 도시 부자의 소득이 저소득층의 소득보다 6배나 많다는 얘기다.

중국 정부는 이 소득 격차를 하루 속히 해결하지 않으면 그들의 체제유지에 큰 위협이 된다는 것을 잘 알고 있기에 시진핑은 공부론(共富論, 모두가 잘사는 사회)과 샤오캉사회(小康社會, 의식주가 해결된 모든 인민이 잘사는 사회)를 주창하고 나섰다. 이를 달성하기 위해서는 '소득재분배 정책'을 시행하여 소득의 균형을 잡아야 하나 오늘날같이 성장이 멈춰 버린 중국의 현실에서 소득재분배 정책을 시행한다는 것은 어려운 상황이다.

줄어드는 인구 문제/저출산 문제

중국은 1980년대 후반까지만 해도 출산율이 2.6명으로 인구가 기하급수로 늘어나는 대국이었다. 그러던 것이 94년엔 1.6명으로 줄어들더니 오늘날은 1.15명으로 떨어졌다. 이런 식으로 계속된다면 2100년쯤엔 중국 인구가 현재의 절반 정도인 5억 9천만 명으로 줄어들 전망이다. 인구감소 문제는 중국만의 문제는 아니다. 우리나라는 더욱 심각하다. 참고로 한중일의 출산율을 보면 일본 1.3명, 중국 1.15명, 한국 0.81명이다. 출산율이 줄어들어 인구가 줄어들면 그에 따라 노령층 비율이 늘어나게 마련이다. 중국은 아직은 한국이나 일본에 비하면 고령화사회는 아니지만 2025년경엔 고령화사회로 접어들 전망이다. (현재 65세 이상 12.6%)

이 많은 중국 인구가 작년부터 줄어들기 시작했다.
이대로 간다면 2100년에는 반으로 줄어들 전망이다.

중국은 1980년대부터 팽창해 가는 인구 증가를 억제하기 위해 한 가정 한 자녀만 가져야 한다는 산아제한법을 만들어 대대적으로 펼쳐 나갔으며 위반 시 벌칙 또한 엄하게 다스려 왔다. 한 자녀 이상 출산한 부모에겐 무거운 벌과금이 떨어지며 아이에게 호구(戶口, 호적)도 없다. 호구가 없으니 학교 취학도 안 되고 사회의 일원이 될 수 없는 부작용을 낳게 되었다. 이런 아이들을 헤이하이즈(黑孩子)라고 부른다. 이로 인해 많은 젊은 헤이하이즈들이 생을 마감하는 사례가 비일비재하다. 돈 많은 사람들이야 엄청난 벌과금을 내고 호구등록을 할 수 있지만 무호구자들의 대부분은 가난한 집안의 자녀들이다. 중국의 인구가 14억 2,588만 명이라지만 이는 어디까지나 호구조사에 의한 숫자다. 무호구자들을 합친다면 훨씬 늘어날 걸로 생각한다.

이런 강경한 조치들로 중국의 인구는 크게 늘지 않아 왔다. 그러다가 작년부터는 오히려 인구가 줄어들기 시작했다.

인구감소를 심각하게 받아들이는 중국 정부는 출산율을 끌어올리기 위한 조치로 2016년 드디어 한 자녀만 허락하던 산아 정책을 폐기하고 두 자녀를 가져도 좋다는 정책을 전면 시행하였다. 또다시 금년 8월에는 세 자녀까지도 허락하는 정책을 발표했다. 그러나 중국인들은 싸늘하다. 여성들은 그들대로 "우리가 애 낳는 기계냐?"면서 항의하고 있다. 여론조사에서는 둘째 아이를 희망하는 부부는 고작 15%, 낳지 않겠다는 부부는 54%나 된다. 비싼 집값, 고물가, 과다 교육비 등 때문에 아이를 하나 더 낳으면 등골이 빠지는 아이의 노예가 되고 만다고 경계한다. 이를 그들은 하이누(孩奴)라고 표현한다. 한 아이 양육하는 데도 천문학적인 돈이 들어가는데 더 이상 어떻게 양육비와 교육비(사교육비)를 댈 수 있냐는 얘기다. 우선 과외 교육비가 너무 든다는 점과 아이를 양육하는데 그 양육비가 엄청나고 컴퓨터 게임에 중독된 아이들을 제대로 관리할 수 없다는 하소연이다. (중국은 거의 모두 부부가 직장생활)

이에 정부는 제일 먼저 과외학원을 문을 닫게 하거나 강제로 무료화시켜 버렸다. 그리고 컴퓨터 게임 업체에 평일은 아이들이 게임을 못 하게 하도록 강압하였다. 그래서 아이들은 금, 토, 일요일과 공휴일밖에는 게임을 할 수 없게 되어 있다. 중국은 사회주의 국가이기 때문에 이 모든 게 가능하다. 한국 역시 아이 양육과 교육에 중국과 똑같은 고민을 안고 있지만 한국에서의 이러한 조치는 꿈도 꿀 수 없다.

지금까지 "절대 많이 낳지 마라."던 중국 정부가 이젠 "제발 많이 낳아 달라."고 사정하고 있는 이 현실을 중국 국민들은 과연 어떻게 받아들이고 있을까.

성비(姓比)의 불균형(남자들은 호구인가)

30여 년을 꾸준히 실천해 온 한 자녀만 가져야 한다는 의무조항으로 인구억제는 괄목할 만한 성과를 거두었으나(몇억 명 증가 감소) 이로 인한 부작용이 한둘이 아니다. 우선 남녀 성비의 불균형이라는 기현상을 낳았다. 남자 선호사상이 있던 중국에서 한 명만 낳아야 하니 딸의 임신은 아예 배 속에서 지워 버린다. 그 결과 여아 100명당 남아 120명이라는 기형사회로 변해 버렸다. 지역에 따라선(특히 농촌 지역) 남아 140명인 언발란스 지역도 있다 하니 남녀 간의 짝 맞추기에 여간 어려움이 있는 게 아니다. 이러다 보니 중국엔 장가 못 가는 잉여 총각들이 수천만 명에 이르고 있다. 이로 인한 인구감소현상도 무시할 수 없다.

남녀비율이 이렇게 큰 차이가 나니 여자들의 인기가 하늘 높은 줄 모르고 오르고 있다. 여자아이 가진 집은 아이의 결혼에 대해선 아무런 걱정을 하지 않아도 되지만 남자아이 가진 집은 어릴 때부터 걱정이 태산이다. 중국엔 예로부터 남자가 장가갈 때 여자를 데리고 온다는 의미에서 여자 집에 돈을 줘야 하는 관습이 있다. 이를 그들은 차이리(彩禮, Bride price)라고 한다. 지역마다, 가정의 경제수준에 따라 다르겠지만 대체로 그 금액이 2천 4백만 원이 평균이라고 한다. 국민소득 만 이삼천 불의 중국에선 상당히 큰돈이다. "저도 결혼하고 싶습니다. 그러나 차이리 때문에…"라고 울부짖는 젊은이들이 많다고 한다. 신부 측의 과욕으로 결혼이 깨지는 경우가 허다하다. 하객들을 다 불러 놓은 결혼식장에서 신랑이 내놓는 차이리가 생각보다 적다고 신부의 어머니가 행패를 부려 결국 결혼식이 취소된 경우도 있었으며 신부가 받기로 약속한 차이리 잔금 5백만 원을 주지 않는다고 결혼식장에서 차에서 내리지 않고 버틴 나머지 결국 신랑 아버지가 하객들로부터 돈을 빌려 신부에게 준 후에야 결혼식을 치렀다는 얘기도 있다.

돈다발 위에서 맺어진 부부

신부를 데려오기 위해 신랑과 그의 부모들은 피땀을 흘려야 한다(풍자)

신부의 값을 돈으로 달고 있는 풍자

요즈음은 남자가 결혼을 하려면 여자에게 집과 자동차는 선물해야만 신랑으로서 체면이 서고 품위를 지킬 수 있다고 한다. 여자를 가진 집에선 딸아이 하나로 재테크를 한다는 이야기도 들린다. 이쯤 되면 남자는 호구로 보일 뿐이다.

자녀 한 명에 부모와 친가, 외가의 조부모가 올인한다

오랫동안 한 자녀만 낳아야 하는 중국의 현실에서 소황제처럼 대우받으며 응석받이로 자라는 아이들, 부모와 친조부모, 외조부모(역시 딸자식 한
명뿐) 모두 6명의 사랑을 듬뿍 받고 자란다. 6명이 벌어 오로지 소황제 한 명에게 쏟아붓는다.

그러나 이렇게 자란 아이들인지라 많은 문제점을 낳고 있다. 자기밖에 모르는 이기적으로 자란 아이들은 혼자만의 세계에서 자랐는지라 대인관계에서 아주 미숙함을 드러낸다. 자기 위주로 안 되면 쉽게 포기하거나 등을 돌려 버린다.

그러나 이렇게 자란 소황제는 부모와 조부모들의 희망사항에 부응하기 위해 커다란 부담을 안고 살아야 한다. 이들이 어릴 때는 6명의 부모, 조부모들로부터 부양받았지만 커서는 이들을 모두 부양해야 하는 과중한 짐을 지고 있다. 즉, 자녀 한 명이 부모와 조부모 모두의 부양을 책임져야 하는 독자양로(獨子養老)의 시대에 대비해야 한다. 중국은 선진국과 같이 사회보장제도가 갖춰진 나라가 아니기 때문에 노인부양은 소황제로 자란 집에서 외동아이가 맡아야 하기 때문에 생활력이 없는 아이일 경우는 심각한 사회문제가 된다.

잡히지 않는 코로나 19

코로나 19가 출현하여 제로 코로나 정책을 실시한 지 3년, 중국은 아직도 코로나와 사투를 벌이고 있다. 3년전 우한 봉쇄로 효과를 봤던 중국 정부가 지금까지 제로 코로나 대책인 봉쇄 정책을 써 왔으나 코로나를 못 잡을 뿐만 아니라 상하이 봉쇄, 베이징 봉쇄로 인해 엄청난 경제적 손실을 초래했다. 대도시의 시민들이 집에 갇혀 외출을 할 수 없는 상황이니 손님 없는 식당은 문을 닫을 수밖에 없고 부동산 매매를 할 수 없으니 부동산 시장은 침체될 수밖에 없었다.

이런 환경에서 잘도 버티고 버텨 온 중국인들이 드디어 터지고 말았다. 중국 정부의 통제력은 강력하며 시민들 또한 정부의 시책에 잘 협조하고 따르는 국민들이다. 그러나 지난 2022년 11월 15일 너무나 힘들고 끝없이 계속되는 제로 코로나 정책에 반대하고, 시진핑의 3연임에 반대하고, 언론탄압(만리방화벽의 과도한 인터넷 검역)에 반대하는 백지시위가 우루무치에서 있었던 화재사고를 발화점으로 전국 21개 도시에서 연달아 일어났다. 마침 이 당시 카타르 월드컵이 개최되던 때인지라 중계를 보는 중국인들한테는 너무나 큰 충격이었다. 관중석의 응원단 모두가 마스크를 쓰기는커녕 서로가 얼싸안고 춤추고 노래하는 장면을 목격했을 때 집에 갇혀 꼼짝도 못 하는 그들의 심경이 어떠했을까? 이러한 억눌린 심정이 폭발하여 백지시위로 터진 것이다.

전국적으로 백지시위가 있고 며칠 안 된 12월 7일, 정부는 제로 코로나 정책을 완화할 것을 발표했다. 위드 코로나로 전환하겠다는 얘기다. 코로나를 억제키 위해선 제로 코로나 정책밖에 없다고 자랑하던 그들의 체면이 많이 깎였다. 중국 사람이라면 그렇게도 중요시하는 체면에 손상이 가고 있다. 모든 시민이 환영하고 있다. 사흘에 한번 의무적으로 받아야 하는 PCR검사도 이젠 없어졌다. 외출 시 음성증명서 없이도 이젠 외출이 가능해졌다. 그러나 아무런 준비없이 갑자기 시행하는 위드 코로나 정책, 예상대로 엄청난 문제점들이 터져나오고 있다.

일부 지역에선 먹는 생선도 불안하다며 생선도 PCR검사를 하고 있다

만약 백지시위에서 '시진핑 물러나라!'라고 부르짖지 않았으면 그들이 그렇게도 자랑하던 제로 코로나 정책을 이렇게도 쉽게 바꾸었을까? 위드 코로나에 대한 아무 대책도 없이… 단지 "지금의 코로나는 아주 약한 오미크론이기 때문에 위드 코로나

로 가도 생명엔 큰 문제가 없다."는 발표 한마디만 남기고….

제로 코로나가 폐지된 이튿날부터 검사소엔 PCR검사 희망자들의 줄이 몇 배로 늘어났으며 감염자 수가 몇 배로 늘어났는지 알 수가 없다. 정부 당국이 발표를 하지 않는다. 이미 차 버린 병원은 병실이 모자라 복도에 환자를 눕혀 놓고 기다리게 할 뿐만 아니라 타고 온 차에서 링겔 같은 주사를 맞히고 있는 현실이다. 코로나로 죽는 사람이 넘쳐 시체 쌓아 둘 냉동실이 없어 냉동차에 보관하는 처참한 실정이지만 당국의 발표는 사망자 2명 또는 5명이란다.

홍콩의 한 신문기자는 당국의 발표를 믿을 수 없어서 베이징의 한 화장터를 찾아가 들어오는 시신을 세어 봤다고 한다. 결과는 한 시간에 12구의 시체가 들어왔다고 한다. 이젠 중국 국민들은 정부의 말을 믿지 않는다. 당국이 고령자를 향해 그렇게도 백신을 맞으라고 캠페인을 벌이고 있으나 고령자의 수주율은 40%에도 못 미친다. 국내의 백신(시노팜, 시노백)을 믿지 않기 때문이다. 그래서 그들 중에는 해외나 마카오로 가서 백신을 맞고 오는 이들도 많다고 한다. (마카오에선 화이자나 모더나의 mRNA 백신을 맞을 수 있기 때문이다)

화장터 앞에 길게 늘어선 영구차들

제로 코로나 해제 후 매일 수십만 명 아니 수백만 명씩 감염되고 있는 중국, 자기 주위의 모든 가족, 모든 친구들이 감염된 상태라며 호소하는 시민들을 볼 때마다 정부의 잘못된 시책에 희생되는 그들이 안타깝다. 해외의 전문가들은 중국이 위드 코로나 정책으로 변경했다고 해서 이렇게 걷잡을 수 없이 감염자가 늘어나는 게 아니라고 한다. 그들은 제로 코로나를 실시할 때 이미 수많은 감염자들이 집에 갇혀 있었을 뿐이라고 한다.

어찌되었건 중국은 이제부터 시작이다. 백신을 미리 맞았거나 한 번 걸려서 항체가 생성된 사람이 워낙 적다 보니 무섭게 감염자가 늘어나고 있다. 코로나로 인해 2백만 명에 가까운 사망자가 나올 수 있다는 예측도 나온다.

과연 중국 정부는 다시 제로 코로나의 길로 회귀할 건지 아니면 어떤 다른 길을 걸을 것인지 중국의 경제를 걱정해야 하는 우리로선 심히 걱정되는 바이다.

부동산 문제

중국은 사회주의 국가이다. 그러므로 토지는 국가의 소유이다. 중국 국민은 일정 기간 토지의 사용권만 인정될 뿐 국민이 토지를 소유할 수 없다. 일정 기간이란 주택용지일 경우는 최고 70년, 공업용지는 50년, 상업건축용지는 40년이다. 이런 토지에 대한 복잡한 세부사항을 모르고 중국에 투자했다가 뒤늦게 후회하는 기업들이 수없이 많다. 심지어 중국인들 조차도 복잡하고 정부 위주의 불공평한 토지 정책에 불만이 이만저만 많은 게 아니다. 그래서 농촌에서는 도급권만 소유하게 된 농민과 지방정부 간 충돌이 빈번히 일어나고 있다. 주택을 구입했을 때 토지등기부에는 국유토지 사용권에 대한 내용이 기재되어 있을 뿐이다. 중국의 토지에 관한 규정과 법률은 무척 난해하며 국민들로부터 많은 오해와 질타를 받고 있다.

그래서 중국에는 "땅 문제를 해결하는자, 그를 신(神)이라고 부른다."는 말이 있다.

등샤오핑이 1998년 집을 자유롭게 사고팔 수 있는 자본주의 정책을 도입한 이후 집이 재테크의 수단으로, 나아가 투기의 대상이 되었다. 1998년 형편이 되는 중국인들은 살고 있는 집을 정부로부터 아주 싼값에 불하받을 수 있었다. 이것이 오늘날 중국인들에겐 엄청난 자산이 되어 당시 불하를 못 받은 자와의 빈부격차가 크게 벌어지게 되었다.

부동산이 개방되고 20여년, 작년까지 중국에선 부동산 불패의 신화를 이어 왔다. 사놓으면 오르고 또 오르고, 이런 상황에서 거부가 된 중국 부자들이 너무 많다. 그들은 국내에서 만족하지 못하고 한국, 일본, 캐나다, 미국 등 외국으로 진출하여 엄청난 부작용을 낳고 있다. 우선 그들이 지나간 곳은 반드시 부동산이 천정부지로 뛴다. 그래서 그들이 올려놓은 집값에 대한 원주민들의 원성을 많이 듣고 있다. 샌프란시스코나 밴쿠버, 제주도, 인천 같은 지역의 땅값을 마구잡이로 올려서 재미를 본 후 빠져나간다.

지난 7년 동안 한국에서 판매된 아파트 중 3만여 채를 외국인이 구입하였다. 그중 62%는 중국인이 구입한 것으로 드러났다. 2022년 상반기만 봐도 한국에서 외국인들이 매입한 주택, 아파트 매입 건수가 총 4,276건인데 이 중 중국인이 3,134건을 매입했다.

중국에는 부동산취득 특히 토지의 취득에 있어서 까다로운 규제나 제한이 너무 많다. 그래서 중국에 투자하는 기업들이 세심하게 살피지 않으면 땅을 구입해도 규제가 너무 많아 제대로 활용할 수가 없는 경우가 허다하다. 우리나라도 중국인들이 쉽게 부동산을 구입하는 현 상황을 더욱 엄격하게 고칠 필요가 있다고 본다.

중국엔 부동산을 백 번 사고팔아도 거래세나 부동산 보유세 같은 게 없다. 부동산 투기업자들의 좋은 놀이터가 되고 있다. 부동산 시장이 과열되면 지방정부는 땅을 건설업자들이 높은 가격에 사 줘서 좋고 건설업자는 고가로 분양이 잘되어서 좋고 분양 받은 자는 고가로 전매해도 세금 한 푼 내지 않아도 되니 한 사람이 수십 채 아니 수백 채씩 분양 받는 사람이 수두룩하다. 정부의 관료에게 왜 부동산 거래에 보유세가 없냐고 물어보면 그들은 "토지가 40년~70년 동안 사용 후에는 국가로 환원되기 때문에 보유세를 부가할 수 없다."고 설명을 한다. 이는 토지의 사용권을 매매하거나 보유할 수 있도록 만들어 놓은 이상 세금을 부과하지 않는다는 것은 이해가 되지 않는다.

그리고 중국은 아파트의 분양 방법이 한국과는 달라 아파트 실내의 인테리어를 하지 않고 콘크리트 바닥인 채로 분양하는 것이 대부분 이므로 분양대금 또한 큰돈이 들어가지 않는다.[이를 마오피팡(毛坯房) 분양이라 한다] 이에 반해 근래엔 분양 받은 자의 요구 조건대로 인테리어 공사까지 다 해서 분양하는 징쫭팡(精裝房) 분양도 늘어나고 있다. 그러므로 중국에서는 분양 받은 아파트가 완공되었다 해서 금방 입주할 수가 없다. 화장실엔 변기도 없고 바닥과 벽, 천정이 콘크리트인 채로 인수한 아파트를 인테리어 공사하는 데만도 수개월이 걸리기 때문이다.

중국의 지방정부는 자체에서 필요한 자금은 대체로 자체적으로 조달한다. 자금조달을 위한 그들의 가장 큰 수입원은 건설업자에게 땅을 파는 것이다. 아파트 인기가 없을 때는 분양이 잘되지 않는다. 값이 계속 올라갈 때 분양이 잘되고 덩달아 땅도 비싸게 팔 수 있는 것이다. 이로 인해 지방정부와 건설업자는 동업자 관계가 된다. 서로가 윈윈할 수 있도록 아파트 구입을 부추기며 그 값을 하늘 높이 올린다. 여기서 건설업자와 지방행정관리 사이에서 발생하는 부정행위가 비일비재하다. 수많은 행정관리들이 이로 인한 처벌을 엄하게 받아 왔으나 아직도 이들 사이에서 일어나는 부정행위가 전 사회를 오염시키고 있다.

중국을 다녀 보면 도시나 시골을 막론하고 아파트가 너무 많다는 생각이 든다. 인구가 많은 건 알고 있지만 이렇게 많은 아파트가 다 필요할까 싶을 정도다. 내용을 알고본 즉 분양되지 않고 남아돌거나 투자를 위해 사 놓았으나 입주자를 못 찾고 비어 있는 아파트가 너무 많다. 그래서 중국에는 밤이 되어도 불이 켜지지 않는 유령 아파트가 너무나 많다. 중국 전체에 미분양되어 덩그러니 비어 있는 아파트가 3천만 채가 있다고 한다.

4차 산업과 중국/중국인

중국의 아파트 분양은 대체로 이와 같이 뼈대만 공사해서 분양하며 인테리어는
각자가 취향대로 꾸미는 게 보통이다.[이를 마오피팡(毛坯房)식 분양이라 한다.]

계약자들의 요구대로 인테리어가 다 갖추어진 아파트 실내[징좡팡(精裝房)식 분양]

여기에다 주인은 있으나 입주자가 없어 비어 있는 아파트까지 합치면 1억 채가 넘는다고 하니 감이 잘 오지 않는다.

분양이 되지 않아 유령 아파트로 변한 건물

이런 현상은 지방정부가 자금마련을 위해 건설업자에게 땅을 팔고 건설업자는 그 땅 위에 수요예측도 없이 은행 대출자금으로 무조건 많이 지어 분양하는 현상이 자리잡고 있기 때문이다. 대도시도 마찬가지다. 각 도시들이 경쟁이나 하듯 대형, 초고층 건물을 짓는다. 수요 예측이나 제대로 하고 짓는지 의문이다. 그리고선 몇 년이고 비워 놓고는 입주자를 기다리고 있는 현실이다. 대도시의 랜드마크쯤 되는 초고층 빌딩을 가 보면 몇 년씩 비어 있는 사무실이 반은 넘는 것 같다.

요즘과 같이 부동산이 침체되어 분양이 저조할 때는 건설업체뿐만 아니라 지방정부도 자금마련을 못 해 심각한 마비 상태에 직면하게 된다. 그래서 작년의 헝다(恒大) 부동산사태가 터진 것이다. 헝다는 중국의 건설업체 중 1, 2위를 다투는 초대형 건설 회사다. 작년 12월 헝다그룹[쉬자인(許家印) 회장]이 돌아오는 채무를 갚지 못해 디폴트 상황에 빠졌다. 당시 그들은 총 360조 원의 채무를 지고 있었으며 작년 한 해 전국에 100만 채가 넘는 아파트를 짓고 있던 중이었다. 분양된 아파트가 시공업체의 자금난으로 건설 도중 중지되고 있으니 수많은 분양자들의 절규와 과격한 행동은 한때 정부 체제를 위협할 정도였다.

만약 당시 헝다를 부도 처리했다면 보다 하위의 수많은 건설 회사들은 시민들의 불신으로 더 이상의 분양을 기대할 수가 없게 되니 순식간에 망하고 말았을 것이다.

중국 정부는 외면상으로는 부도 처리하지 않고 회장의 사재로 분양된 아파트를 완공토록 지시했으나 역부족이었다. 그런 후 중지된 아파트가 소속된 지방정부로 하여금 무슨 일이 있더라도 분양 아파트를 완공하여 분양자들에게 넘겨줄 것을 행정력으로 강력히 지시하여 어느 정도는 공사가 완료, 넘겨준 것으로 알고 있으나 능력이 안 되는 지방정부엔 정부의 자금지원이 있었던 걸로 알려지고 있다.

금년 11월 짓다 만 아파트에 중국 정부는 총 38조 원을 풀어서 완공하기로 했으며 인민은행은 이러한 미준공 아파트의 준공을 위해 상업 은행들에게 350조 원의 무이자 재대출 자금을 지원키로 했다. 이러다 보니 중앙정부의 재정과 행정력이 추락할 대로 추락해 버렸다. 지금도 헝다가 짓다 만 일부의 아파트에는 살 곳이 없는 분양자들이 물도 안 나오고 화장실도 제대로 완성되지 않은 미완성 아파트에 들어가 그 높은 층까지 물을 길어 나르며 살고 있다고 한다.

건축이 중단된 후 본인이 분양 받은 아파트에 들어가서 생활하는 모습

4차 산업과 중국/중국인

중국은 GDP 중 부동산이 차지하는 비중이 25%를 넘는다. 우리나라의 반도체가 차지하는 비중보다 높다. 그래서 중국의 GDP를 시멘트 GDP라고 불리고 있다. 중국이 최근 3년 동안 소비한 시멘트의 양이 미국이 100년간 소비한 양보다 많다. 부동산 산업이 매년 20%의 성장률을 보이며 급성장해 왔기 때문이다.

이렇게 중국을 지탱해 온 부동산 경기가 작년의 헝다사태 이후로 급격하게 꺾이고 있다. 헝다사태보다 앞서 중국 정부는 주택시장의 버블의 위험을 감소시키기 위해 부동산 개발 회사들의 대출을 억제하기 시작했다. 그동안 중국의 부동산 시장은 불패의 신화를 기록하면서 계속 값이 올라가 거품이 많이 끼었다고 판단했기 때문이다. 작년 언제부터인가 베이징의 아파트 평균가가 서울을 앞서기 시작했다.

이젠 중국의 부동산 시장에 잔뜩 끼어 있던 거품은 꺼지기 시작했다. 현재 중국의 부동산 가격은 10개월째 하락하고 있다. 지금은 아무리 위치 좋은 곳에 좋은 아파트를 지어 분양해도 거들떠 보지도 않는다. 관심이 없어졌다. 그만큼 그들의 삶이 팍팍해졌다. 무엇보다 코로나 19로 인한 봉쇄 정책 때문에 아파트를 사고 싶어도 보러 나갈 수가 없다. 이 봉쇄가 중국 경제의 숨통을 틀어막고 있다.

봉쇄로 거리엔 인적이 없는 상하이 거리

4차 산업과 중국/중국인

부동산 가격은 폭락하고 이젠 중국의 주택 개발 시장이 얼어붙고 있다. 금융위기가 올지도 모르는 상황이다. 무엇보다 심각한 것은 분양 받은 사람들이 분양 받은 아파트의 모기지 상환을 거부하며 대출금을 상환하지 않겠다는 행동이 각 지방으로 번지고 있어 분양 업체의 연쇄부도가 일어날 가능성이 커졌다. 이는 부동산 건설 현장에서 공사 중단사태가 빈번하게 일어나고 있는 데 대한 분양 받은 자 개인들이 불안해하고 불만에 차 있기 때문이다. 분양 받은 자들은 외친다. "건설 공사를 멈추거나 연기하면 대출상환도 멈추겠다. 집을 다 지어 놓은 후 돈을 받아 가라."고. 이런 주담대출 상환 거부 운동에 대해 중국 당국은 혼란에 빠져 있다. 이제 정부 당국은 이 혼란스런 부동산 시장을 어떻게 연착륙 시키느냐는 데에 사활을 걸고 있다.

사상 최고로 침체된 부동산 경기, 줄줄이 넘어지는 건설 업체들, 늘어만 가는 짓다 만 아파트 또는 건물들, 중국은 지금 부동산으로 인한 최대의 고비를 맞고 있다

중국의 젊은이들은 집과 자동차의 노예로 변신하고 있다

토지 사용권 70년 후에는 어떻게 될까?
정부는 다시 연장할 수 있다고는 하나 국민들은 믿지 못한다

4차 산업과 중국/중국인

10.

중국의 첨단 거지들

2022. 11.

"중국의 거지들처럼 적극적으로 해 봐!"

중국의 거지들은 아마도 세계에서 제일 적극적이고 끈질긴 집단일 것이다.

중국엔 '거지들만큼만 노력한다면 안 되는 일이 없을 것이다(只要像乞丐一樣努力, 沒有什麼不可以的)'라는 말이 있다. 중국의 거지들은 세계 어느 나라의 거지보다 집요하고 필사적이다. 돈을 안 주면 상대를 툭툭 치거나 옷자락을 잡고 늘어지며 구걸을 강요하는 게 보통이다. 베이징 올림픽 때 호주 관광객 여성이 거지에게 발목을 잡혀 기절하여 병원에 실려 간 적도 있었다. 더구나 외국인을 만나면 절대 놓치지 않는다. 떼쓰는 한 명에게 돈을 주고 나면 주위의 동료 거지들이 떼거지(?)처럼 몰려와 온갖 협박과 억지를 써가며 돈을 뜯어낸다. 이렇게 악착같이 구걸을 하다 보니 그 수입도 상상을 초월하는 금액이다.

홍콩의 매스컴들은 중국 본토에서 직업 거지를 만났을 때 대처법을 가르치고 있다. 첫째, 어느 거지 한 명에게도 돈을 주지 말 것.(주고 나면 더 많은 거지들이 출현) 둘째, 거지를 위협하거나 도망치지 말 것.(그럴수록 더 악착같이 따라다니며 요구한다) 셋째, 거지에게 상해를 입혀 약값을 떼이는 일이 없도록 주의할 것. 넷째 티격태격하는 사이 지갑이나 소지품을 조심할 것 등이다.

온 마을이 거지로 나서는 중국의 마을

시골 오지인 간수성(甘肅省) 샤오자이 마을과 후룽 마을은 거지 마을로 불리고 있다. 주민 80% 이상이 농사지은 후 농한기가 되면 어른, 아이 할 것 없이 전 식구가 대도시로 나가 거지로 변신한다. 여름방학이 되면 어린 학생들도 모두가 대도시로 나가 직업 거지가 된다. 농한기 때 벌어들이는 이들의 수입이 농사 수익의 몇 배가 된다고 하니 너도 나도 서로가 거지가 되려고 한다. 농한기가 되면 대도시로 출두하는 이런 주민들을 위한 구걸 강좌가 열린다고 한다. 처량하고 불쌍하게 보이기 위해 아이들에게는 바보, 불구자 행세를 가르치고 얼굴엔 온통 숯검정과 상처투성이로 만들고…….

지하철 속에선 주로 아이 거지들의
등쌀에 모른 척할 수가 없다

작업복을 갈아입고 퇴근하는
미녀 거지

옷은 출근 때는 멀쩡한 옷이지만 작업에 들어갈 땐 상거지의 더러운 옷으로 갈아입고 지정장소에 전을 펴고 구걸을 시작하는데 애절하게 '한 푼 줍쇼' 하는 울부짖는 소리에 여간한 강심장이 아니면 그냥 지나치기가 심히 어렵다.

지난 2017년 말레이시아의 msp라는 신문사에서 중국의 허난성 정쩌우시의 거지들의 사치스런 삶을 현장르포로 취재, 보도한 바가 있었다. 다음 사진에서처럼 노인 3명이 한 조가 되어 동정을 사기 위해 노인 두 명은 길바닥에 누워 아프다고 앓고 있으며 부인인 듯한 여인은 두 손으로 애절하게 빌면서 도와 달라고 울부짖고 있다. 그들의 일상을 추적해 본 결과 그들은 수북이 쌓인 돈을 거둬 숙소로 돌아가 작업복(?)을 갈아입고 5성급 호텔에서 식사를 한 후 백화점으로 가서 명품을 구입하는 등 초호화 생활을 하고 있었다. 그게 가능한 것이 하루에 50만 원은 벌어들인다고 하니 따져 보면 연 수익 1억 이상의 고액 연봉자들이니까… 이 내용의 기사가 'A day's life of China's professional Beggar'라는 제목으로 실리자 "이젠 다시는 거지에게 돈을 주지 않겠다."는 후회론자가 있는 반면 "나도 거지가 되겠다."고 결심하는 사람들도 많아졌다고 한다.

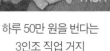

하루 50만 원을 번다는
3인조 직업 거지

예능인에 가까운 현대판 거지
송티엔푸(宋天福)

직업 거지들의 생활 백태

중국에서의 직업 거지에 대한 에피소드는 수없이 많다. 한때 북경 지하철에서 가장 돈을 많이 번다는 한 여인 거지를 CCTV 기자가 추적한 적이 있었다. 그녀는 어린 두 아이를 끌고 다니면서 구걸을 하는데 보는 사람들로 하여금 저절로 동정심이 나지 않을 수가 없었다고 한다. 그녀의 집은 감수성의 샤오자이 마을에 있었으며 진짜의 두 아들은 대학생이었다고 한다. 구걸하러 다닌 두 아이는 구걸을 위해 양자로 입적(?)한 아이였고 그의 집엔 북경이나 상하이의 중산층의 생활과 진배없이 대형냉

장고와 TV, 에어컨, 자동차 등 모든 걸 다 갖춘 부유한 집안이었다. 그녀의 구걸하여 얻는 수입을 물어보니 매월 3백만 원 정도라고 하니 이 정도의 수입이면 웬만한 대기업 간부의 급료보다 많은 금액이다.

베이징에도 유명한 전문 거지촌이 있다. 핑거위안 지하철역에서 4~5백미터만 골목으로 들어가면 진딩산(金頂山)이란 마을이 나타난다. 이곳 역시 중국의 유명한 거지 마을인데 100여 명의 거지들이 이곳에서 월세(월 3만~5만 원)로 살면서 직업 거지로 출퇴근하며 구걸 생활을 하다가 농사철이 되면 썰물처럼 쫙 빠져나간다고 한다. 이곳의 베테랑 거지 중에는 구걸한 돈으로 베이징 시내에 2채의 집을 산 직업 거지도 있다고 하니 대도시

4차 산업과 중국/중국인

의 빈곤층이 귀가 솔깃하는 매력적인 이야기다. 그렇지 않아도 북경이나 상하이 같은 대도시에선 이러한 수입 좋은 직업(?)에 매료된 빈민층들이 너도나도 거지로 나서고 있기 때문에 골치를 앓고 있다고 한다.

QR코드로 구걸하는 중국의 첨단 거지들

그런데 몇 년 전 그들에게 큰 불황기가 다가왔다. 중국의 대금결제 시스템의 대변혁이 일어났기 때문이다. 몇 년 전부터 중국에는 현금 거래가 점점 줄어들더니 근래엔 결제 시스템이 거의가 알리페이나 위쳇페이 같은 인터넷 모바일 QR결제로 바뀌었다.

현금으로 지불하면 귀찮아 죽겠다는 표정들이다. 가는 곳마다 QR코드를 내걸어 놓고 거기에 모바일을 갖다 대고 결제를 해야 된다. 현금이 필요 없으니 현금을 가지고 다닐 필요가 없어졌다. 아예 지갑이 없는 사람들도 많다. 거지들이 아무리 구걸하고 협박한들 돈을 안 가진 사람들이 돈을 적선할 수가 없었다. 중국 거지들의 생존 문제가 걸린 절체절명의 시기였다.

그러나 중국의 거지들이 어떤 집단들인가. 얼마 후 식당이나 상점에서 결제용으로 내걸듯이 그들도 자기의 QR코드를 만들어 목에 걸고 다니며 구걸하기 시작했다(사진에서처럼). 세계 어디에도 없는 최첨단의 구걸행각이다. 외국 관광객들로부터의 최고의 구경거리가 되었다. 한때 현금이 없다며 구걸을 뿌리칠 수 있었던 모바일 페이족들, 이젠 꼼짝 없이 그들의 집요한 구걸을 빠져나가기 어렵게 되었다

QR코드로 구걸하는 중국의 첨단 거지들

더 나아가 최근의 중국 거지들의 발전상을 보면 혀를 내두르게 한다. 인터넷 구걸 사이트를 개설해 놓고선 "한 푼 적선해 주시면 큰 복을 받을 것입니다." "우리는 이렇게 모은 돈으로 더

4차 산업과 중국/중국인

어려운 사람을 돕고 있습니다."라는 문구와 함께 "적선해 주시면 선인(善人) 명단에도 넣어 드리고 만약 적선 후 후회되시면 환불해 드립니다."라는 조건도 넣어 놓고 있다.

QR 구걸 시대는 지나고 이젠 안면 인식의 구걸 시대

이 세상에 중국의 거지처럼 끈질기고 시대 변화에 잘 적응하는 거지가 또 있을까. 그러나 그들의 시련은 또 한 번 올 것 같다. 이제 중국은 QR코드에 의한 모바일 결제 시기가 저물고 이젠 안면 인식 결제 시대로 접어들고 있다. 최근 중국의 마트나 편의점, 공항 출국 심사나 호텔 체크인할 때도 스마트폰 없이 본인의 안면 인식만으로 본인확인 또는 결제를 하는 시기로 접어들고 있다. 오프라인에서도 안면 인식이 가능토록 알리바바와 텐센트가 안면 인식 가능 기기를 상용화하여 안면 인식 확인 및 결제를 확산시키고 있다. 수많은 중국의 거지들, 이런 안면 인식 기기까지 구비하면서까지 구걸할 수가 있을까?

11.

세계의 화교(华侨, 화차오)들

세계로 퍼져나간 중국의 화교들

중국 말에 "햇빛 있는 곳에는 중국인이 있다(哪里有阳光, 哪里就有中国人)."라는 말이 있다.

전 세계에서 8천 7백만 명의 화교들이 168개국에 퍼져 살고 있으며 이 중 90%가 아시아(특히 동남아시아)에 살고 있다. 화교란 '외국에 살고 있는 중국인'을 뜻한다. 이는 현지 귀화한 중국인들(이들을 华人이라고 한다)도 포함된다. 영어로는 Overseas Chinese이다.

화교의 사업가들을 화상(华商)이라고 한다. 그들이 동남아시아 경제 70%를 장악하고 있으며 동남아 주식시장에 상장된 기

164   4차 산업과 중국/중국인

업의 70%가 화교(화상)들의 소유이다. 그들은 세계 각지에서 근면과 성실 그리고 돈을 중시하는 관습, 관계가 없는 사람을 믿지 않는 그들만의 특성, 관계를 맺은 사람끼리의 끈끈한 관계(꽌시)를 기반으로 그들만의 네트워크인 죽망(竹網)을 이용한 사업으로 거부가 되었다.

이제는 그들의 경제력이 미국, EU 다음가는 큰 경제 세력이 되었으며 그들이 보유한 현금유동성 자산만도 3조 달러가 넘는다고 한다. 월가를 비롯해 세계의 금융시장을 쥐락펴락하고 있는 유대인에 필적하는 유일한 세력이다.

해외의 화교 사업가들의 모임인 화상(華商) 회의

중국이 1980년대 초 개혁, 개방 초기 때 문은 활짝 열었으나 중국에 진출할 투자자가 없어서 고심하고 있을 때 그들(화상)이 가장 먼저 들어가 투자함으로써 외국 기업들도 안심하고 투자

할 수 있게 길을 터 주었다.

등소평은 개혁정책의 일환으로 행정 각처에 필요한 인재를 교육시키고 선진 문물을 배워 오게 미국에 국비유학생을 보낸 바 있다. 그러나 수업 완료 후 돌아오지 않고 눌러앉는 자들이 많아 담당 책임자가 등소평에게 호소했다. "이 제도는 중지해야겠습니다. 돌아오는 자들이 10%밖에 되지 않습니다."라고 폐지할 것을 건의했다. 그러나 등소평은 "그러면 필요 인력의 10배를 보내라. 그중 10%만 돌아와도 성공한 것 아니냐. 돌아오지 않는 사람들도 살다 보면 언젠가는 조국에 보탬이 되겠지."라고 계속할 것을 종용했다고 한다.

과연 그의 말대로 돌아오지 않고 남아 있던 그들은 현지에 잘 적응하여 미국에서 막강한 화상(華商)으로 태어나 조국 중국을 물심양면으로 돕고 있다.

귀소본능이 강한 중국의 화교들

중국인은 귀소본능(歸巢本能)이 어느 민족보다 강하며 애향심, 애국심 또한 강하다.

한때 실리콘 밸리에서 근무하는 중국인이 30%에 가까운 적이 있었다. 그러나 중국의 빅테크 기업들이 커져 감에 따라 실리콘 밸리에서 근무하던 많은 중국의 엔지니어들이 고국으로 돌아 갔다. 그들은 조국이 부르면 언제든지 돌아가겠다는 각오로 살아가고 있다. 아니면 현지에서 조국을 위한 일을 마다하지 않는다. 미국의 반도체 팹리스 업체인 앤비디아(NVIDIA)의 젠슨 황(黃) 회장과 AMD의 리사 수(蘇) 회장은 모두 중국(대만) 출신이다. 그들의 고국 사랑은 TSMC와의 거래 관계에서 잘 나타난다. TSMC의 회장 모리스 창(張) 역시 그들과 같은 미국 IT 기업의 CEO 출신이다. 그의 모국 대만이 그를 필요로 해 부르자 미련 없이 CEO 자리를 던지고 귀국하여 TSMC를 설립한 사람이다. TSMC와 삼성전자가 다른 점은 TSMC는 이렇게 주요 거래처와의 관계가 밀접하고 끈끈하며 도움을 받을 수 있는 동포들이 해외에 많이 분포되어 있다는 점이다.

중국인들은 정치와 경제는 완전히 분리하여 사고하고 행동한다. 지금의 중국과 대만의 양안 관계를 보면 잘 알 수 있다. 중국이 아무리 대만 통일을 외치며 곧 습격할 것처럼 폭격기를 띄우고 항공모함을 띄우고 해도 경제에는 전혀 영향을 미치지 않는다. 본토에의 수출에 대만은 전혀 영향을 받지 않고 오히려 수

줄이 더 늘어나고 있는 추세다.

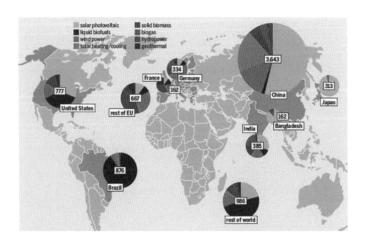

세계 화교 분포도

동남아로 진출한 화교들, 지역 경제의 70%를 장악하다

화교들의 분포 상황을 보면 싱가포르, 태국, 인도네시아, 말레이시아 등 동남아 지역에 90% 이상 자리를 잡고 있다.

그중에서도 싱가포르는 제2의 중국이라고 할 수 있다. 인구 564만 명 중 74%인 410만 명이 중국인(화교)들이다. 대부분이 복건성과 광동성 출신으로 1949년 중국내의 국공내전에서 장개석의 국민당이 패하자 무더기로 싱가포르로 이주했다. 이들이 싱가포르의 상권을 꽉 쥐고 있다. 싱가포르에서의 상장기업 중 81%가 화교들의 기업이다.

중국인 리콴유 전 총리의 30여 년의 철권 정치로 싱가포르가 아시아 최고의 소득수준을 자랑하는 국가가 되었으며 세계 최고의 청렴 국가, 깨끗한 도시국가가 되었다고 본다.

태국의 화교들 숫자는 전 인구의 10%에 지나지 않으나 제조업의 90%를 화교들이 장악하고 있다. 태국 부자 16명 중 10명이 화교 출신이다. 그중 태국 GDP의 10%를 수행하고 있는 최고의 재벌 CP 그룹은 한국과는 무척 가깝다. 한국의 IT 산업 도입과 오늘날 K-컬처를 대표하는 BTS, Black Pink, 〈오징어 게임〉과 같은 한국 문화를 롤 모델로 삼고 열심히 배우고 있는 중이다. 이는 현 회장의 부인인 강수형 특별고문(57)이 심혈을 기울여 개척하는 분야이기도 하다.

얼마전 그녀의 아들이 한국 백범 선생의 증손녀와 결혼을 하여 한국에서도 화제가 되었었다.

말레이시아는 총인구의 20%(690만 명)가 화교들이다. 이곳역시 화교들이 국가 경제를 지배하고 있다. 10대 부호 중 9명이 화교들이다.

인도네시아에는 화교 숫자가 전체 인구의 4%인 280여만 명에 지나지 않으나 그들의 경제력 역시 동남아시아 타 지역과 마찬가지로 막강하며 20대 재벌 중 18명이 화교들이다.

미국은 비록 1% 남짓한 화교들이 살고 있지만 그들의 금융파워는 막강하다. 미국 금융계를 쥐고 있는 유대인에 못지 않다고 한다.

미국에 중국인이 진출한 것은 오랜 역사를 지니고 있다. 콜럼버스가 미대륙을 처음 발견했을 때 그들은 현지에 살고 있는 중국인들과 접촉을 했다는 기록이 남아 있다.

그러나 그들이 본격적으로 미국에 진출한 것은 1848~1849년 서부의 골드러시 때 5만여 명의 꿀리(苦力, 값싼 노동자)들이

지난 2022년 11월 26일 태국의 한 호텔에서
백범 김구 선생의 증손녀와 태국 재벌 CP 그룹 회장의 장남과의 결혼식

진출하여 캘리포니아에서 살았다. 1860년대 초 미국은 동서 횡단 철도 공사를 시작하게 된다. 이 공사는 캘리포니아주의 새크라멘토에서 네브래스카주의 오마하까지의 2,826km를 연결하는 멀고도 험난한 대륙의 횡단 철도 공사였다. 여기에 미국 정부는 캘리포니아의 값싼 중국의 꿀리 수만 명을 이 공사에 투입시킨다. 이들 중 약 2만 명이 최고 험난 코스인 시에라 네바다산맥 철도 공사에 투입되어 수많은 꿀리들이 사고로 사망하였다. 일설에는 1만 2천 명 이상이 사망하였으며 10톤이 넘는 사망자의 유해를 배에 실어 중국으로 보냈다는 얘기도 있다.

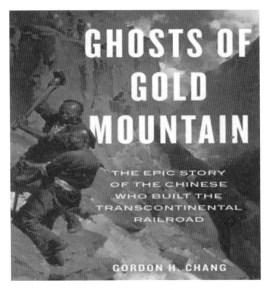

중국의 꿀리(苦力)

4차 산업과 중국/중국인

철로의 마지막 핀 박기 공사　　　미국 동서 횡단 철도의 다리 공사

한국에서는 뿌리를 내리지 못한 화교들

　　그런데 동남아에서는 이렇게 막강한 화교들인데 무대를 한국으로 바꾸면 그 존재는 미미해진다. 화교라고 해 봐야 기껏 2만 1천여 명이 살고 있을 뿐이다. 중국인이 한국에 본격적으로 진출한 시기는 1880년 초의 임오군란 때부터라고 보는 게 타당할 것 같다. 이때 초청받은 4,000명의 군대와 함께 40명의 상인이 함께 들어와 인천에 터전을 마련한 게 한국 화교의 시초라고 볼 수 있다.

　　그러나 한국 화교의 역사가 130여 년인데도 화교가 잘 보이지 않는다. 여기엔 한국만의 그럴 만한 이유가 있었다.

인천에 터전을 마련한 후 화교들이 점점 늘어나서 그 수가 6천 명을 넘기며 무역과 식당 그리고 부동산에서 벌어들이는 돈이 상상을 초월하게 되었다. 이 돈을 그들의 고향인 중국으로 송금을 하는데 그 금액이 지금 시세로 100억 위안이 넘었다고 한다. 이때는 일제강점기였던 때라 조선총독부에선 자본유출을 막기 위해 그들을 가혹하게 닦달함은 물론 본국 송금을 저지하였다. 이때부터 많은 화교들은 중국으로 되돌아가기 시작했다. 그러나 귀환하지 않고 남아 있던 화교들은 다시 악착같이 돈을 모으기 시작하여 모두가 거금의 현금을 가진 부자가 되었다. 목표를 달성하면 현금을 가지고 고향에 돌아갈 작정이었다. 역시 한국에서도 돈에 악착같고 장사에 능한 그들의 모습을 볼 수 있었다.

그러나 불행히도 한국 동란 중인 1950년 9월 이승만 대통령은 갑자기 화폐개혁을 단행한다. 갑자기 하는 이유는 전쟁 중에 조폐공사의 1천 원권 인쇄판을 괴뢰군들에게 탈취당해 그들이 지폐를 마구 찍어 남발했기 때문이었다. 화폐개혁 당시 신화폐로 교환해 줄 때 1인당 교환 금액이 제한되어 있어 거금을 가졌던 화교들은 돈을 바꾸지 못해 거금이 휴지화된 경우도 많았다고 한다. 그런 후 정권을 잡은 박정희 대통령은 화교들이 경제권을 쥐는 것을 극도로 경계한 나머지 외국인 토지 소유 금지법을 제정, 화교들의 부동산 취득을 철저히 막았다. 그리고 1962년 또한 번의 화폐개혁을 단행하여 은행에 맡기기보다 현금 보관을 선호하는 화교들의 숨겨놓은 돈을 전부 내놓게 하여 일정 금액 이상은 아주 낮은 환율로 인수함으로써 화교들이 엄청난 손해를 보게 되었다.

1950년 9월 1차 화폐개혁(1,000원권)

1953년 2월 단행된 2차 화폐개혁(1,000원권)

1962년 6월 박정희 정권하의 3차 화폐개혁(500원권)

1986년 미국에 출장 갔을 때의 이야기다.

일리노이주의 한 시골에 위치하고 있는 미국의 유명한 농기계 메이커인 존 디어(JOHN DEERE)라는 회사를 방문했을 때의 일이다. 데모인(Des Moines)이라는 시골에서 하룻밤 묵게 되었는데 저녁 식사할 만한 곳을 찾는데 마침 외딴곳에 차이니스 레스토랑이 보여 반가운 김에 단숨에 들어갔다. 그때 본인은 감기, 몸살로 제대로 먹지도 못하면서 강행군을 하며 다녔다. 이 얘기를 주인한테 했더니만 당장 "한국 사람 얼큰한 짬뽕 먹으면 낫게 돼."라고 유창한 한국말로 하는 것이 아닌가. 깜짝 놀라서 물어봤더니 인천에서 15년 동안 중국집을 했다고 한다. 왜 미국으로 오게 됐냐고 물으니 그의 하는 말이 한국인인 나의 가슴에 뜨끔하게 다가왔다. "한국에서 우리 중국 사람 돈 못 벌게 해. 한국 정부가 못 벌게 해. 부동산도 못 사게 해. 그래서 여기까지 왔어."라고 불만이 가득 찬 어조로 털어놓았다. 그가 제공한 얼큰한 짬뽕 한 그릇에 원기는 많이 회복했으나 한국인으로서 마음 한구석 미안한 마음을 가지고 가게를 나섰다.

설마 한국 정부가 그렇게까지야 했겠냐 싶었으나 돌아와서 1960년대, 1970년대의 우리나라의 근대사를 살펴보니 그렇게 얘기할 만한 행동들이 있었다.

지난 1960년대 한국에서는 쌀 부족으로 쌀을 아끼고 분식을 장려했던 때가 있었다. 당시 중국 식당 하면 인기가 많았던 볶음밥의 판매금지령이 중국 식당에 내려졌다. 그래서 할 수 없이 그들은 뽑는 데 너무 힘들고 몇 푼 남지도 않는 짜장면을 중국 본토의 것과는 완전히 다르게 한국 사람들 입맛에 맞는 달큰한 짜장면으로 개발하여 팔 수밖에 없었다는 웃슬픈 얘기도 그 중국 사장으로부터 듣게 되었다.

중국의 화교들은
언제나 중국인이란 중심을 의식하며 살아간다

중국의 화교들이나 일본의 한국 재일교포들이나 조국을 떠나 외국에서 터전을 잡고 사는 민족이라는 점은 똑같다. 어쩌면 이들은 조국으로부터 외국인 취급을 받고 현지에서 또한 외국인 체류자로 취급받는 디아스포라와 같은 존재라고도 볼 수 있다. 이민자라면 살고 있는 현지의 생활관습이나 규제에 맞춰 동화하며 살아가는 게 보통이다. 그러나 중국의 화교들은 다르다. 세계 어디를 가 봐도 그들은 그들만의 세계를 만들어 전통을 지키며 살아가고 있다. 우선 가는 곳마다 웅장하게 들어선 차이나

타운을 봐도 알 수 있다. 그들은 자식들에게 반드시 모국어(중국어)를 가르치고 있다. 아무리 생활이 힘들어도 아이들의 모국어 교육을 위해 방학이 되면 모국으로 언어연수교육을 보낸다. 그리고 그들끼리는 되도록 모국어를 쓸려고 노력한다. 수십년 아니 여러 대(代)를 외국에서의 교포로 살아도 중국인이라는 중심을 잃지 않고 살아가고 있는 그들로부터 배울 점이 많다.

LA의 차이나 타운

싱가포르의 차이나타운

요코하마의 차이나타운

인천 차이나타운

4차 산업과 중국/중국인

12.

미, 중 패권전쟁 속에서 한국의 선택은?

2022. 12.

미, 중 갈등의 원인

미국과 중국 간의 갈등은 간단하게 끝날 것 같지 않다. 미, 중 간의 깊어지는 갈등 속에서 트럼프 대통령 때는 무역으로 전쟁을 치르더니 바이든 대통령이 들어서고는 반도체와 같은 첨단제품의 중국 수출금지정책을 꺼내 들고 이젠 패권전쟁으로까지 번지고 있다. 미국은 결단코 중국이 패권국가가 되는 것을 용납하지 않겠다는 의지다.

미국은 2천 년 초 클린턴 대통령이 후진국 중국의 무역을 돕기 위해 WTO 가입을 허락하여 중국이 공정무역으로 경제발전하도록 희망했건만 시종일관 시장을 개방하지 않고 공정경쟁을 시행하지 않으며 미국의 첨단기술과 지식재산권을 도둑질하는 것은 물론 편파무역, 관치무역만 일삼고 개방된 지 30년이 넘었건만 아직도 민주화된 사회를 이룩하기는커녕 같은 국민의 인종차별(티베트와 신장위구르)만 갈수록 키우는 정부라고 비난하고 있다. 이러한 불만이 쌓여 미국은 오바마, 트럼프 대통령 때부터 중국에 대해 불만을 토로, 중국을 때리기 시작했다. 그러나 중국은 커질 대로 커졌다. 미국의 이런 간섭에 귀를 기울이며 응할 리가 없다. 그들은 그들 나름의 목표, 중국몽을 가지고 있으며 이의 달성을 위해 그들만의 길을 걷고 있다. 언젠가는 G1이 되어 세계의 패권국가가 되겠다는 꿈이다.

미국은 결단코 이를 용납하지 않겠다는 의지다. 여기에서 미, 중 갈등은 심각해지며 무역전쟁에서 반도체 전쟁 나아가 패권전쟁으로까지 번지게 되었다.

트럼프 당시 대통령은 무역전쟁으로 중국을 꺾기 위해 중국으로부터의 수입품 중 일부 품목을 제외한 모든 수입품에 25%의 관세를 부과했으나 그 결과는 미국 내의 물가만 올려놓는 결과를 초래했다. 나아가 그는 중국 최대의 통신업체인 화웨이를 집중 공략하여 모든 자유진영으로 하여금 화웨이의 통신시설(5G) 사용을 금지토록 종용했다. 이런 조치는 어느 정도 효력이 있었다고 보지만 중국은 워낙 큰 내수시장을 가졌기에 화웨이는 내수시장에서 승승장구하고 있다.

무역 규제만으로는 중국에 큰 타격을 줄 수 없다는 것을 알게 된 바이든 정부는 첨단 반도체의 규제를 꺼내 들었다. 이로 인해 한국의 해당 업체들이 큰 타격을 받고 있다. 중국 현지에 진출한 삼성전자나 SK하이닉스는 더 이상의 첨단 반도체를 중국에서 생산하지 못하게 되었을 뿐만 아니라 첨단 반도체의 중국으로의 수출도 막히게 되었다. 미국이 한국의 반도체 수출 시장에 찬물 끼얹고 있다.

한국과 중국의 무역 관계

중국은 우리의 최대의 수출시장이다. 중국 역시 한국이 두 번째로 큰 수입국이다.

우리나라 수출 중 25% 이상이 중국으로의 수출이다. 지난 30년간 중국과의 무역수지는 항상 흑자였다. 우리나라 무역흑자의 86%는 중국과의 무역에서 얻은 결과다. 우리나라 수출 품목 중 제일 비중이 큰 반도체를 보면 생산량의 40%를 중국 본토에 수출하고 있다. 홍콩 수출분까지 합치면 60%가 넘는다. 이렇게 큰 시장을 대체할 만한 시장은 이 지구상에는 없다.

미국은 한국이 특정 아이템에 대해 중국과 거래하는 것에 불만이 많다. 특히 반도체 거래에 대한 불만이 대단하다.

그러나 그들은 첨단 반도체의 대중 수출은 막으면서 대안을 제시하지 못하고 있다. 중국에 보내지 말고 자기들한테로 보내라는 얘기도 못 한다. 그들의 시장은 중국에 비하면 너무 작기 때문이다.

미국은 중국과의 싸움에 자유진영 동맹국들을 전부 끌어들이려고 한다. 우리나라도 자기들 편으로 끌어들여 중국과 적대적으로 만들려고 온갖 방법을 다 동원하고 있다. 우선 한국과 대만한테는 안보를 책임지겠다고 하면서 두 나라의 약점을 파고

들고 있다. 궁극적으로는 자기들의 반도체 특허권을 들고 나올 것이다. 그러나 안보 못지않게 중요한 것 또한 먹고사는 문제다. 경제를 무시할 수 없다. 중국으로의 수출 없이 한국 경제가 온전할지가 의문이다.

미국의 막무가내식 회유

이렇게 중국 시장이 한국에는 유일무이한 시장인데도 미국은 한국의 수출을 못마땅하게 생각하여 온갖 규제를 가하며 더 나아가 한국을 포함한 동맹국들에게 함께 힘을 합쳐 중국과 싸우자고 한다. 일본은 적극적으로 미국에 호응하고 있다. 설사 경제적으로 손해를 보더라도 그들은 아시아의 패권을 노리고 있으니까 라이벌인 중국을 이 기회에 꺾어 버리자는 생각이다. 미, 일 두 나라는 유례없는 동맹 관계에 들어갔으며 일본은 국방력 증강에 총력을 기울이고 있다. 일본은 미국이 시키는 대로 무엇이든 다 들어주는 마치 주인 말을 잘 따르는 충견과도 같다.

그러나 한국은 다르다. 탈중국을 선언하고 중국과 등을 지는 순간 한국의 경제는 나락으로 떨어질 게 분명하다. 여기서 한국은 한 가지 불안감을 가질 수밖에 없다. 그것은 현재 한, 일 간에

첨예한 대립 상태인 독도 문제에 대해 한, 일 간에 다툼이 벌어
진다면 미국은 어느 쪽을 지원할까? 깊이 생각하고 대처해야 할
문제다.

작년 1년 동안 한국의 수출 총액은 6,839억 불이었다. 만약 중
국과의 무역거래가 없었다면 이 숫자가 어떻게 되었을까. 1,558
억 불이 줄어들어 23%가 달아나 버린다. 이렇게 어마하게 큰 수
출 차질이 수년간 계속된다면 한국의 경제가 버틸 수 있을까?
생각하기도 싫지만 있을 수 있는 가정이다.

IMF의 미, 중 전쟁에 대한 시뮬레이션

작년 2021년 IMF가 미, 중 갈등이 전쟁으로까지 전개될 경우 각
국이 받을 영향에 관해 시행한 시뮬레이션의 결과를 발표했다.

미국과 중국 두 나라가 1:1로 전쟁을 한다면 미국은 -3%, 중국
은 -5%의 경기후퇴가 발생하며 만약 자유진영 국가들이 미국과
합쳐서 전쟁을 한다면 중국이 -8%의 경기가 후퇴하며 미국은
-1% 정도의 손실만 볼 것이다. 유럽연합 역시 -3%의 경기후퇴
의 영향을 받을 것이라고 한다.

이럴 때 과연 한국은 어떤 영향을 받을까. 이에 관한 시뮬레

이션은, 어떤 형태의 전쟁이건 한국은 -5% 이상의 후퇴를 맞이하게 된다. 두 나라가 우리의 제1, 2위의 교역국이기 때문이다.

중국인들이 그린 미, 중과의 씨름(전쟁) 삽화

이 시뮬레이션 결과 때문일까. 유럽연합의 글로벌 기업들은 중국 시장에 더 적극적으로 파고들고 있다. 그들의 대중국 수출 내지는 투자가 오히려 늘어나고 있다. 이런 상황들을 보면 EU 국가들은 중국의 체제를 질타하는 미국에 동조는 할 뿐 중국과 경제적으로, 군사적으로 대립할 의사는 전혀 없다. 미, 중이 전쟁으로까지 전개될 경우 EU의 국가들은 제3자의 입장으로 돌아설 것이다. 이런 상황하에서 미국은 한국을 자기들 동맹으로 끌어들이기 위해 온갖 회유정책과 강압조치를 취할 것이며 중국은 중국대로 자기들의 거대한 시장을 내세우며 한국만큼은 자기편이 되어야 한다면서 온갖 회유정책을 쓸 것이 뻔하다. 중국은 한국이 이번 기회에 자가들 쪽으로 들어오지 않는다면 그다음 번 아니면 다음, 다음 번을 노릴 것이다. 그들은 느긋하게 기다릴 줄 아는 민족이기 때문이다. 마부작침(도끼를 갈아 바늘을 만드는)의 말대로 행동할 것이다. 그만큼 오늘날 한국의 위상이 커졌기 때문이다.

한국의 절묘한 결단

이젠 미국과 중국의 패권 전쟁 사이에 끼인 우리나라가 어떤 선택을 해야 할 것인지 우리의 정책입안자의 결단의 시기가 온 것 같다. 참으로 어려운 문제라고 본다.

그러나 수많은 전문가들은 다음과 같이 충언하고 있다.

"절대 중국을 적으로 돌리지 마라. 탈중국화니 바이바이 중국이니 하는 것은 위험천만한 사고다. 그렇다고 미국을 놓쳐서는 더더욱 안 된다. 만약 우리가 탈중국화하고 중국과 거래를 끊는 날에는 그 순간 우리는 거대시장을 놓치게 되어 심각한 경기침체를 맞게 될 것이며 나아가 이북뿐 아니라 중국도 적으로 대해야 하는 두 개의 적을 만들게 될 것이다."라고.

한국의 유사 이래 가장 어렵고 신중해야만 하는 이번 결정이 대한민국을 다시 한번 업그레이드시킬 수 있는, 위기를 기회로 바꿀 수 있는 절묘한 결정이 되기를 간절히 바랄 뿐이다.

13

미국의 반도체 지원법

2023. 3.

반도체 지원법이란?

일명 칩스법(Chips for America funding)이라고도 한다.

이 또한 자국 미국의 반도체 산업을 육성하고 중국을 견제하기 위한 법으로 작년 8월에 발효되었다. 그 세부내용이 금년 2월 말에야 발표되었는데 그 내용이 우리를 경악하게 만든다.

처음 발표 당시의 내용인즉, 미국 정부는 자국의 반도체 산업 발전을 위해 반도체 생산보조금과 연구개발지원금으로 68조 원 (527억 불)을 책정하고 향후 5년간 반도체 산업을 지원하기로

했다. 그중 52조 원(390억 불)은 반도체산업 투자보조금으로 미국 내 공장을 짓거나 투자하는 업체에 지불할 보조금으로 책정해놓고 있다.

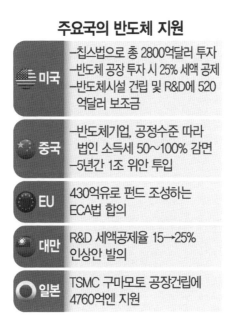

주요국의 반도체 지원

미국	-칩스법으로 총 2800억달러 투자 -반도체 공장 투자 시 25% 세액 공제 -반도체시설 건립 및 R&D에 520억달러 보조금
중국	-반도체기업, 공정수준 따라 법인 소득세 50~100% 감면 -5년간 1조 위안 투입
EU	430억유로 펀드 조성하는 ECA법 합의
대만	R&D 세액공제율 15→25% 인상안 발의
일본	TSMC 구마모토 공장건립에 4760억엔 지원

여기까지 봐서는 이 반도체 지원법은 반도체 업체들에겐 상당히 매력적인 제도다. 이런 지원금이 없다면 고임금 수준의 척박한 미국 땅에 어느 누구도 공장을 지을려고 하지 않을 것이다. 그래서 한때는 반도체 업체들 간에 치열한 보조금 쟁탈전

을 벌였던 게 사실이다.

대체로 투자금액의 15% 내외로 지원금을 지불할 예정이니 삼성전자의 경우 이미 텍사스 테일러시에 시스템 반도체의 파운더리 공장건설에 22조 원을 투자하고 있으니 미국 정부로 부터 약 3조 원의 보조금을 받을 수 있다는 얘기가 된다. SK하이닉스 역시 19조 원을 들여 미국에 공장을 짓기위해 바삐 움직여 왔다. 대만의 TSMC는 무려 52조 원을 투자하여 휘닉스(아리죠나)에 공장을 건설하고 있다.

내용은 지원이 아니라 독배(毒杯)

그런데 지난 2월 28일이 되어서야 이 지원법의 세부사항(가드레일)이 발표되었다. 우리뿐만 아니라 대만, 일본 등 미국으로 진출했거나 진출을 노리고 있던 모든 반도체 업체들을 경악시키고 있다.

모두들 쥐약을 섞어넣은 독소조항이 많이 들어있다고 아우성들이다.

그렇다면 얼마나 지독한 독소조항이 포함되어있길래 야단들일까. 그 내용을 보자면,

첫째, 초과수익이 날 땐 미국 정부와 나눠야한다. 그 한도는 받은 보조금액의 75%까지로 한다는 조항이다. 즉, 보조금은 공짜가 아니라 75%까지는 회수하겠다는 내용이다. 초과수익을 따지기 위해서는 회사의 재무자료들을 제출해야 하는데 이 또한 거래처, 판매단가 등 모든 기밀이 공개된다.

더 큰 문제는 반도체 산업이란 원래 기복이 심한 산업인데 한 해에 많은 흑자가 났다고 회수해가면 불경기가 왔을 땐 어떻게 버티라는 것인지 모르겠다.

둘째, 그들(미국 정부)이 필요로 할때는 공장의 시설을 시찰할수 있도록 개방해야 한다는 조항이다. 반도체의 생산현장은 어느 업체나 철저한 보안 속에서 작업이 이루어지며 공개를 하지않는다. 그만큼 생산현장은 남에게, 특히 경쟁업체에게 보여줄수 없는 그들만의 노하우가 쌓여있는 곳이다.

이러한 금단지역을 그들이 필요하다고 쉽게 공개할 수는 없

다는 것이다.

셋째, 보조금을 받은 업체는 향후 10년간 중국에는 생산시설을 지을 수 없음은 물론 기존시설의 증설도, 시설교체도 할 수 없다는 조항이다. 이는 한국을 겨냥한 조항이라고 본다.

삼성전자는 중국의 시안에 거대한 낸드플레시 생산공장을 운영하고 있으며 수저우에 또한 후처리공정을 위한 공장을 운영하고 있다. 이 거대한 두 공장에 투입한 금액만도 30조 원이 넘는다.

삼성보다 더 난감하게 된 것은 SK하이닉스이다. 그들은 우시시에 있는 D램공장에서 자기들의 D램생산량의 무려 40%를 생산하고 있다. 더구나 최근 인텔로부터 12조 원에 인수한 대련의 낸드플레시공장에선 그들 생산물량의 20%를 담당하고 있다.

이렇게 거대한 두 회사의 중국 공장들이 존폐의 위기에 놓이게 되었다. 금년 10월까지는 이들 공장에 투자가 가능하도록 미국의 승인을 받아놓았으나 그 후부터가 문제다. 미국이 더 이상은 연기를 해주지 않을 것 같은 분위기이다.

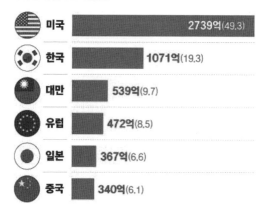

2021년 국가별 반도체 산업 매출과 비중

단위: 달러, ( )안은 비중(%)

국가	매출	비중
미국	2739억	(49.3)
한국	1071억	(19.3)
대만	539억	(9.7)
유럽	472억	(8.5)
일본	367억	(6.6)
중국	340억	(6.1)

　반도체 생산시설이란 그때그때 업그레이드를 시켜야만 최신 반도체를 생산할 수가 있다. 그러지를 못하면 뒤떨어지고 만다. 레가시(LEGACY)반도체밖에 생산하지 못하는 싸구려 반도체 공장으로 전락하고 만다.

　향후 4년간은 지금의 장비와 시설로 그럭저럭 버틸 수 있으나 그다음은 공장이 고물화된다고 하니 기가찰 노릇이다. 두회사 가 60조 원이 넘는 돈을 쏟아부은 이 공장들이….

기업이 나설 문제가 아니고 정부가 나서야 한다

이 두 업체의 중국 공장에서 생산하고있는 반도체의 물량은 중국으로서도 절대 놓칠 수 없는 어마무시한 양이다. 중국은 자국소비 반도체 중 겨우 15%만이 자국에서 생산하고 있으며 나머지 85%는 수입하고 있다. 그러나 이 15% 중에는 삼성과 SK의 중국 공장에서 생산하는 양이 8%를 차지하고 있다. 그러기에 지금 중국도 이 양 공장의 거취에 초미의 관심을 기울이고 있는 현실이다.

그렇다면 이렇게 심각한 독소조항이 들어있는데 미국에 공장을 짓지 않고 지금과 같이 거래를 하는 게 훨씬 낫지 않을까. 그것은 미국의 정책에 반하는 것이며 미국의 시장을 포기하는 결과를 가져올 것이기 때문에 취할 방법이 못 된다.

미국은 반도체 생산시설은 미미하지만 반도체에 관한한 원천기술과 그에 관한 특허를 보유하고있으며 생산장비 또한 미국이 세계를 장악하고 있다. 더구나 반도체생산의 오더를 주는 팹리스들이 주로 미국에 몰려있어(70%) 미국을 떠난 반도체 산업이란 생각하기도 힘든 현실이다.

그렇다면 미국은 왜 이렇게까지 막대한 보조금을 뿌려 가면서까지 반도체 업체들의 생산시설을 자국에 끌어들이려 하는 걸까. 지난번 IRA법에서도 그랬고 칩4동맹도, 작년 몇 번에 걸친 삼성전자와 대만 TSMC초청회의에서도 나타났듯이 미국은 자기 위주의 반도체 체계를 만들기 위해 모든 첨단 반도체 업체들을 미국으로 불러들여 미국에서 첨단 반도체를 생산케 하고 궁극적으로는 자기들이 기술을 전수받아 MADE IN USA BY AMERICAN의 반도체를 직접 생산함으로써 옛날의 반도체 종주국의 면모를 되찾겠다는 의도이다.

미국의 지나 레이몬도 상무장관

이는 추측이 아니라 탐욕스런 레이몬도 상공장관이 TV에서 직접 내비친 말이다. 그녀는 앞에서 설명했듯이 한국에 7조 원을 투자 하려던 대만의 웨이퍼 메이커인 '글로벌 웨이퍼스'를 미국으로 가로채 간 장본인이기도 하다.

아무튼 이 법에 의거한 보조금 신청은 오는 3월 31일부터 신청할 수가 있다.

작년 8월 처음 이 반도체 지원법이 발표되었을 때는 모든 반도체 업체들의 관심과 열기가 대단했었다. 그래서 모두가 한 푼이라도 지원금을 더 받아내기 위해 로비를 벌이기도 했다. 이 때문만은 아니겠지만 심지어 삼성전자의 경우 전 주한 미국대사였던 마크 리퍼트를 북미법인 부사장으로 영입하여 로비를 벌여왔으나 별 성과 없이 독소조항은 이 법 속에 그대로 남아있다.

이러한 교섭은 기업개인이 전담할 문제가 아니다. 국가가 나서서 해결해야할 문제들이다. 아무리 삼성이 거대기업이라지만 태산 같은 미국 정부 앞에서는 골리앗 앞에선 다윗에 불과하다.

바라건데 윤석열 정부가 반도체의 중요성을 인지하고 미국의 심각한 횡포를 파악하여 조속히 그들과 대화하여 원만한 문제 해결을 해주길 바랄 뿐이다.

저자 소개

한성환

: 1947년 경남 거창 출생

: 1966년 거창고등학교 졸업

: 1972년 고려대학교 경영학과 졸업

: 졸업후 무역회사에 입사, 수출입 업무 담당,

　향후 독립, 섬유(봉제)수출회사 설립, 운영

: 현재는 일본 현지에서 중국, 한국으로의 비철금속 수출회사 운영 중

4차산업과
중국/중국인

ⓒ 한성환, 2023

초판 1쇄 발행 2023년 3월 16일

지은이　한성환
펴낸이　이기봉
편집　　좋은땅 편집팀
펴낸곳　도서출판 좋은땅
주소　　서울특별시 마포구 양화로12길 26 지월드빌딩 (서교동 395-7)
전화　　02)374-8616~7
팩스　　02)374-8614
이메일　gworldbook@naver.com
홈페이지 www.g-world.co.kr

ISBN　979-11-388-1777-6 (03340)